本书是浙江省哲学社会科学规划项目"农产品目标价格制度路径选择及风险管理"（批准号：17NDJC110YB）的研究成果

本书出版得到浙江省自然科学基金资助项目"基于风险管理视角的重要农产品价格调控政策研究"（批准号：LY17G030013）和宁波大学商学院精品学术著作项目的资助

农业发展、农商管理与食品安全

施　晟／著

中国社会科学出版社

图书在版编目（CIP）数据

农业发展、农商管理与食品安全/施晟著．—北京：中国社会科学出版社，2017.3
ISBN 978 - 7 - 5161 - 9993 - 0

Ⅰ.①农…　Ⅱ.①施…　Ⅲ.①现代农业—农业发展—研究—中国 ②农产品—供应链管理—研究—中国 ③食品安全—安全管理—研究—中国　Ⅳ.①F323 ②F724.72 ③TS201.6

中国版本图书馆 CIP 数据核字（2017）第 047452 号

出 版 人	赵剑英
责任编辑	李庆红
责任校对	王纪慧
责任印制	王　超

出　　　版	中国社会科学出版社
社　　　址	北京鼓楼西大街甲 158 号
邮　　　编	100720
网　　　址	http：//www.csspw.cn
发 行 部	010 - 84083685
门 市 部	010 - 84029450
经　　　销	新华书店及其他书店

印　　　刷	北京明恒达印务有限公司
装　　　订	廊坊市广阳区广增装订厂
版　　　次	2017 年 3 月第 1 版
印　　　次	2017 年 3 月第 1 次印刷

开　　　本	710×1000　1/16
印　　　张	13.75
插　　　页	2
字　　　数	202 千字
定　　　价	59.00 元

前　言

本书共分三个部分。第一部分是关于农业发展的内容；第二部分是关于农商管理的内容；第三部分是关于食品安全的内容。

第一部分内容主要是第一章"中国现代农业发展的阶段界定、区域分异及推进策略"。本部分在概述世界农业演进规律和农业发展阶段文献的基础上，将中国现代农业发展细分为三个阶段：①现代农业初步实现阶段，以调整农作物经营品种、发挥区域比较优势、提高农产品竞争力为特征；②现代农业基本实现阶段，以发展绿色高效农业、优化农作物品质结构、促进农业产业升级为特征；③现代农业全面实现阶段，以建立资源节约型农业、扶持农村非农产业、引导农村和谐发展为特征。在此基础上，根据数据指标对比，对中国现代农业发展的总体阶段进行了定位。

此外，通过因子分析萃取出基础竞争力、规模竞争力、科技竞争力、生态竞争力、市场竞争力五大公因子，并测算出中国不同区域在各因子上的标准化得分。然后，通过判别分析将全国 31 个省（市、自治区）的农业现代化所处阶段划归为四大类，即：①以农业科技应用、增加农民收入为重点的发展阶段；②以调整农业结构、提高产品效益为重点的发展阶段；③以加速市场发展、促进产业升级为重点的发展阶段；④以农业多功能性、环境可持续性为重点的发展阶段，并提出区域分异视角下的农业现代化推进策略。在此基础上，通过构建 4 个一级指标和 12 个二级指标的综合评价体系，利用聚类分析方法进一步对中国各区域的现代农业发展进行评估，并提出区域分异视角下的现代农业发展策略。

第二部分包括本书第二章至第九章的内容，主题是"农产品供应链的合作绩效与剩余分配"。本部分以当前中国"农超对接"中最具代表性的"农户＋合作社＋超市"模式为例，利用在山东省、海南省和浙江省579户西兰花种植户的问卷调查数据以及合作社和超市的访谈材料，分析了"农超对接"进程中农户、合作社、超市之间的合作绩效和合作剩余分配情况。从理论和实证上回答了"农户＋合作社＋超市"模式的4个关键性问题：①"农户＋合作社＋超市"模式如何在农产品供应链中创造合作剩余？②"农户＋合作社＋超市"模式是否使农户收入增加？③"农户＋合作社＋超市"模式导致农户行为发生哪些变化？④"农户＋合作社＋超市"模式能否在供应链中建立一个既公平又有效率的合作剩余分配方案？对上述4个问题的回答形成了第二部分的主要结论：

第一，在"农户＋合作社＋超市"模式中，农户、合作社和超市三者通过有效的合作，成功实现了对西兰花的质量提升和成本控制，进而提高了西兰花的市场价值。另外，"农户＋合作社＋超市"模式还通过产品品质创新、生产方法创新、产业组织创新、销售市场创新，在农产品供应链中创造了大量的合作剩余。

第二，销售渠道对西兰花种植户的销售净收入具有显著影响。参与"经合作社卖给超市"销售渠道（即"农户＋合作社＋超市"模式）的农户获得的销售净收入，显著高于参与小商贩渠道、批发商渠道、加工企业订单、"合作社未卖给超市"等渠道的农户获得的净收入。此外，户主年龄、户主是否为村干部、户主每年接受培训的次数、西兰花种植面积、市场需求信息的可获得性、完成销售所需的运输距离等因素对农户的销售净收入具有显著影响。

第三，尽管"农户＋合作社＋超市"模式约束了农户自由调节生产要素使用的权利，导致其技术效率有所降低，但该模式中的农户通过安全生产和对西兰花的质量加工，有效提高了西兰花的市场价值，使得"农户＋合作社＋超市"模式的经济效率显著提高。进一步研究发现，影响农户安全生产行为的因素包括销售渠道、西兰花种植面积、全家务农总人数、农药购买方式、农药成本、化肥投入量等。此外，销售渠道、户主每年接受培训的次数、全家务农总人数、对加工价格的预期、对加工方式的认知、产品加工配套设施等因素显著影响农户对西兰花的质量加工行为。

第四，在"农户+合作社+超市"模式中，信息获取能力和风险控制能力决定了不同行为主体对合作剩余的分配。其中，农户获取西兰花销售中的价格溢价；合作社获取其社会网络资源的经济租金；超市拥有市场营销活动的剩余索取权，并获取超额利润。进一步研究发现，影响农户的信息获取能力的因素主要包括农业投入、农户认知、销售渠道、政策环境。此外，影响农户的风险控制能力的因素主要包括农户身份、购销合约、市场信息、政策环境。

总体而言，第二部分将理论与实证较好地结合在了一起。从农产品供应链中不同主体之间合作与竞争关系的视角，分析了"农户+合作社+超市"模式的合作绩效与合作剩余分配。本部分在以下方面拓展了经典理论的适用范围：首先，通过将Porter的竞争优势理论在农产品中具体应用，建立了农产品市场价值影响因素的分析框架；其次，基于诱致性制度变迁和诱致性技术变迁理论，为农户采取安全生产行为和质量加工行为的分析提供了理论基础；最后，基于Barzel的产权理论，从信息获取能力和风险控制能力两个维度，分析了农产品供应链中不同主体之间的合作剩余分配机制。

第三部分内容主要是第十章"中国食品安全管理的机制设计"。本部分首先分析了食品安全监管制度的重要性和现有制度缺陷。其次，在对国内外食品安全管理制度文献进行梳理的基础上，借助产权经济学、信息经济学、博弈论、比较制度分析等理论工具，从安全防范机制、三方管理机制、双重认证机制、市场需求机制、终端监控机制、责任追溯机制、社区连坐机制、重复博弈机制八个维度对食品安全治理机制进行经济分析。最后，提出构建包括信誉制度、监督制度和激励制度在内的三重监管体系。

目　录

第一部分　农业发展

第二部分　农商管理

第三部分　食品安全

第一部分　农业发展

第一章　中国现代农业发展的阶段界定、区域分异及推进策略

科学划分农业发展阶段，不仅能更准确地认识农业发展的现状，为农业的进一步发展确立正确的方向，更重要的是对不同发展阶段的农业部门所具有的特征的掌握，能够更清楚地认识农业在整个经济中的地位以及农业与其他经济部门的互动关系，从而为确立适当的经济发展战略和农业发展政策提供理论依据。

准确把握农业所处阶段，不仅有助于明确中国农业不同阶段发展目标、任务和要求，而且有利于缩小中国和农业现代化国家的差距。特别在中国工业化和城市化进程加快、GDP高速增长的时期，农业发展能够减少贫困人口和缩小城乡差距，此外，农业能在为其他产业提供产品、市场、要素和外汇等诸多方面做出重要贡献。

然而，农业发展阶段特别是现代农业发展阶段在理论上尚不十分明确，由此导致了不同阶段农业发展的战略定位、关键任务等不甚清晰。鉴于此，对世界农业演进趋势、中国农业发展背景，以及农业存在的比较优势和困难的概括和把握，是划分中国现代农业发展阶段的现实依据，构成了本章研究的起点。

第一节　世界农业演进规律和发展趋势

根据世界农业发展进程，一般可以简要地将其划分为三大阶段，即原始农业、传统农业和现代农业阶段。原始农业以利用人力，使用骨制、简单的石制工具为基本特征。传统农业是以直接经验技术为基

础，使用简单的铁木农具，以及人力、畜力、水力进行生产，在这一过程中农业技术的进步和生产发展极其缓慢，社会化程度、土地生产率、劳动生产率都很低。现代农业的本质是不断打破传统农业均衡状态，实现更高层面的均衡，因此是一个动态和相对的概念。目前，国际上现代农业发展的战略目标是在走"科技驱动、内生增长"发展道路的基础上，围绕三个安全（粮食安全、食品安全、生态安全），不断优化农业生产结构和完善市场流通体系，提高"三大效率"（土地产出率、资源利用率、劳动生产率）和"三大效益"（经济效益、社会效益、生态效益），最终实现高产、优质、高效、生态、安全的农业发展。

此外，从经营方式上，也可把农业发展划分为粗放经营和集约经营两个阶段，集约经营又具体分为劳动集约、资本集约和技术集约三种类型。此外，还可以从许多角度对农业阶段进行划分，如从经济运行方式角度，有计划经济、市场经济等；从生产关系角度，有人民公社、家庭承包等；从农民收入和生活角度，有温饱、小康、富裕等。但是，简单地从上述角度来划分农业阶段，还是难以归纳"三农"中的各种经济现象，把握农业发展的关键。

20世纪60年代，社会经济发展阶段理论日趋成熟，一些发展经济学家在此基础上，从社会演进角度尝试对农业发展阶段进行划分。梅勒（1966）根据发展中国家的农业发展特点，将其划分为三个阶段：①传统农业阶段：以技术停滞、生产增长主要依靠传统投入为特征；②低资本技术农业阶段：以技术的稳定发展和运用、资本使用量较少为特征；③高资本技术农业阶段：以技术的高度发展和运用、资本集约使用为特征。韦茨（1971）根据美国农业发展的历程，把农业分为三个阶段：①以自给自足为特征的维持生存农业阶段；②以多种经营和增加收入为特征的混合农业阶段；③以专业化生产为特征的现代化商品农业阶段。速水佑次郎（1988）同样把农业发展分为三个阶段：①以增加生产和市场粮食供给为特征的发展阶段，主要目标是提高农产品产量；②以着重解决农村贫困为特征的发展阶段，主要目标是通过农产品价格支持政策提高农民的收入水平；③以调整和优化农业结构为特征的发展阶段，主要目标是农业结构调整。国外早期对农业发展阶段的经典论述，丰富了农业阶段分析的理论与方法，是现代农业发展阶段划分的重要参考。

中国学者也提出了不同的农业阶段划分标准，如梅方权（1997）根据生产工具的变化，把农业发展划分为原始农业、古代农业、现代农业和信息农业四个阶段。王克林等（1999）将农业现代化进程划分为农业现代化的初建阶段、初步实现农业现代化阶段、基本实现农业现代化阶段、完全实现农业现代化阶段。农业部软科学委员会课题组（2001）从农业发展的供求关系、生产目标和增长方式角度，将中国农业发展划分为三个阶段：①农产品供给全面短缺，以解决温饱为主，主要依靠传统投入的数量发展阶段；②农产品供求基本平衡，以提高品质、优化结构和增加农民收入为主，注重传统投入与资本、技术集约相结合的结构战略性调整阶段；③农产品供给多元化，以提高效率、市场竞争力和生活质量为主，高资本集约、技术集约和信息集约的现代农业发展阶段。陆文强（2001）也把中国农业发展划分为三个阶段：第一阶段农业除了保证农产品最基本的供应外，还要为中国工业化提供原始积累；第二阶段农业为社会提供丰富的农产品，保证改革开放的顺利进行；第三阶段农业基础地位则表现为农业和农村经济的稳定增长，成为整个社会稳定的基础。杨万江（2001）将现代农业发展划分为五个阶段，依次是农业现代化的准备阶段、起步阶段、初步实现阶段、基本实现阶段和发达阶段，代表农业现代化实现程度由低到高的发展过程。马晓河等（2005）根据工业化进程中的工农业关系，将其划分为以农补工、工业反哺农业的转折期和大规模反哺期三个阶段。张新光（2006）把改革开放以来的农村改革历程概括为农村改革的起步阶段、农村改革的停滞阶段和农村改革的快速推进阶段三个时期。蒋和平等（2006，2009）将中国农业现代化发展划分为五个阶段，并根据14个特征指标值进行具体测算，对2003年中国农业现代化发展的总体水平进行评价，并提出分地区、分阶段、分层次推进中国特色农业现代化建设的构想。何君等（2010）结合国际农业发展所经历的对农业的投入期、农业资源的流出期、农业与宏观经济的整合期、对农业的反哺期的"四阶段论"，比较分析了中国农业发展的阶段进程及政策选择。

以上文献均对本书研究具有参考价值，虽然不同学者对农业发展阶段的划分不尽相同，阶段名称的表述也有所差异，但这些研究充分说明，农业发展阶段是客观存在的。当然，随着农业经济社会层面的不断发展，现代农业亦开始展现不同的特征。因此，无论是农业经济的理论研究，还是农村社会的实践发展，都需要对现代农业阶段做出进一步的科学划分。

第二节　中国现代农业发展的阶段划分

世界银行（2008）认为，绝大多数发展中国家的农业已经走出传统农业阶段。过去意义上的传统农业，主要存在于撒哈拉以南的部分非洲国家。从 20 世纪 80 年代开始，中国从传统农业国转变为转型中国家。现阶段中国农业"大转型"的实质就是加速从"转型中国家"向"城市化国家"转变。2010 年，中国人均 GDP 已经达到 29992 元；农业占 GDP 比重为 10.1%。另外，中国农村居民家庭恩格尔系数已由 2005 年的 45.5% 下降至 2010 年的 41.1%，预计 2020 年将下降至36% 以下；农业劳动力比重也由 2005 年的 44.8% 下降至 2010 年的36.7%，预计 2020 年将下降至 30%。

表 1-1　　　　　　　　三类国家的人口和经济特点

	传统农业国	转型中国家	城市化国家	中国
人口总数（百万），2005 年	615	3510	965	1340.9（2010 年）
农村人口（百万），2005 年	417	2220	255	671.1（2010 年）
农村人口比重（%），2005 年	68	63	26	50.05（2010 年）
人口年增长率（%），1993—2005 年	2.5	1.4	1.0	0.6（2001—2010 年）

续表

	传统农业国	转型中国家	城市化国家	中国
年均 GDP 增长率（%），2000—2006 年	3.7	6.3	2.6	10.5（2001—2010 年）
农业占 GDP 比重（%），2005 年	29	13	6	10.1（2010 年）
农业生产总值年递增率（%），1993—2005 年	4.0	2.9	2.2	4.2（2001—2010 年）
农村贫困人口数（百万），2002 年	170	583	32	14.79（2007 年）
农村贫困发生率（%），2002 年	51	28	13	1.6（2007 年）

资料来源：①劳动力数据：联合国粮食和农业组织，2007；②贫困数据：Ravallion、Chen 和 Sangraula，2007；③其他数据：《中国统计年鉴（2011）》。

事实上，进入 20 世纪 80 年代中期以后，中国经过改革开放，传统农业的痕迹越来越少，更多的是依靠制度创新、技术进步以及市场改革等，取得了世界公认的农业增长奇迹，开始向农业现代化战略目标迈进（黄季焜，2010）。

本书在借鉴国内外相关研究成果以及世界银行对发展中国家类型界定的基础上，将中国现代农业发展细分为三个阶段：

一　现代农业初步实现阶段

该阶段以调整农作物经营品种、发挥区域比较优势、提高农产品竞争力为特征。

这是传统农业均衡初步被打破，农业现代化特征开始显露的一个阶段。农业发展的主要动力已从技术基本停滞、生产增长主要依靠传统农业投入物的增长为特征的传统农业阶段，转向依靠农业科学技术的广泛运用为特征的现代农业阶段，农业机械化、电气化、化学化和水利化对农业发展产生明显的推进作用。在第一阶段，非农产业占国民收入的比重逐渐增大，农业为工业提供的积累逐步减少，农业进入自我积累、自我发展的阶段。

但是，该阶段的资金投入水平、农产品商品率、产品特征、农业组织形式、农民文化程度以及管理水平等仍处于初步脱离传统农业的发展阶段。在生态环境方面，农业生产存在化学物质污染、土壤肥力衰退、地下水枯竭、毁林开荒、温室气体排放、全球气候变化等负面影响。

二 现代农业基本实现阶段

该阶段以发展绿色高效农业、优化农作物品质结构、促进农业产业升级为特征。

这是农产品附加值和质量安全水平显著提高的一个阶段。该阶段农业已表现出与传统农业截然不同的现代化特征，土地产出率、劳动生产率、资源利用率显著提高，不仅适应了绿色化、工厂化、规范化生产的要求，而且逐步向专业化、标准化、规模化、集约化方向发展。在第二阶段，非农产业占国民收入的比重开始超过农业部门，农业自我积累和发展能力下降，工业、服务业等非农产业逐步开始反哺农业。

同时，该阶段农业市场化加速发展，产业跨越式升级，全球市场层面的产业竞争成为该阶段农业发挥国际竞争力的关键。在生态环境方面，开始关注农业对环境的负面影响，降低农业耕作系统面对气候变化的脆弱性，减轻农业生产对生物多样性的危害。

三 现代农业全面实现阶段

该阶段以建立资源节约型农业、扶持农村非农产业、引导农村和谐发展为特征。

这是农业经济、农村社会和自然环境进入了相互协调和可持续发展的一个阶段。在农业生产过程中，逐步建立起节地型农业、节水型农业和节能型农业三大技术体系，基本构成技术装备先进、供给保障有力、组织方式优化、产业体系完善、综合效益明显的新格局。在第三阶段，非农产业占国民收入比重大大超过农业部门，工业已经全面、大规模反哺农业。

同时，农业的战略功能日益受到重视，农业和农村经济的稳定增长，成为整个社会稳定的基础。另外，农业的生态涵养和环境保护功能得到更充分的体现，通过引导农业发挥农业地域保护和生物多样性保护等环境调节功能，降低农业对环境的负面影响，从而建立更具持续性的农业生态系统。

现代农业发展三大阶段的主要特征和任务如表1－2所示。

表1－2　　　　　　现代农业发展三大阶段的主要特征和任务

农业阶段	农业地位	农业科技	生态环境	主要任务
现代农业初步实现阶段	农业处于绝对贡献期，经济上以农补工	农业绿色革命的应用，农业机械化、电气化、化学化和水利化	农用化学物质污染、土壤肥力衰退、地下水枯竭、毁林开荒、温室气体排放	调整农作物经营品种，优化农业生产布局，发挥区域比较优势，加快农业市场化步伐
现代农业基本实现阶段	农业处于相对贡献期，经济上开始以工补农	农业开始向专业化、标准化、规模化、集约化方向发展	降低农业对环境的负面影响，降低农业耕作系统面对气候变化的脆弱性，减轻对生物多样性的危害	优化农作物品质结构，积极开发禽类、鱼类、奶类和园艺市场，形成产加销一体化，促进农业产业跨越升级
现代农业全面实现阶段	农业处于贡献回转期，经济上大规模以工补农	逐步建立节地型农业、节水型农业和节能型农业三大技术体系	引导农业更多地发挥农业地域保护和生物多样性保护等环境调节功能，建立更具持续性的农业生态系统	积极发展资源节约型和环境友好型农业，实现农业经济、农村社会和自然环境和谐发展

资料来源：笔者归纳。

表1－3　　　　　　现代农业发展三大阶段的基本指数

	传统农业国	转型中国家	现代农业初步实现阶段	现代农业基本实现阶段	现代农业全面实现阶段	城市化国家
农村人口比重（%）	68	63	53.75	44.5	35.25	26
人均GDP（美元）	379	1068	1673.25	2278.5	2883.75	3489

续表

	传统农业国	转型中国家	现代农业初步实现阶段	现代农业基本实现阶段	现代农业全面实现阶段	城市化国家
农业生产总值占 GDP 的比重（%）	29	13	11.25	9.5	7.75	6
农业生产总值年递增率（%）	4.0	2.9	2.73	2.55	2.38	2.2
非农生产总值年递增率（%）	3.5	7.0	5.93	4.85	3.78	2.7
农村贫困发生率（%）	51	28	24.25	20.5	16.75	13

资料来源：笔者根据《2008 年世界发展报告——以农业促发展》相关数据测算。

　　上述现代农业阶段的划分，体现出各个阶段的最为突出的主要特征和关键任务，这里还有三点需要说明：

　　第一，由于农业发展存在诸多异质性，不同地区经济结构、制度类型、资源禀赋、技术条件、文化要素、生态环境的现实情况可能与阶段描述无法完全对应，也很难找到一个严格、统一、清晰的客观国际标准。因此，本书只能从农业现代化比较成功的主要国家和地区，总结出一些带有普遍性的经验值做参考。

　　第二，三个阶段一定程度上反映了现代农业由低级到高级的发展过程。每一个阶段的重点，也是推进农业现代化事业的立足点。一旦阶段性的工作走上良性发展的轨道，就要及时聚焦到下一阶段的工作重点。另外，由于上述三个阶段是一个统一的整体，三个阶段的发展过程也可能呈现出彼此交织、机动更替的动态结构。

　　第三，由于中国农业和农村经济发展的区域特征非常明显，形成了东部、中部、西部、东北地区四个不同发展水平的经济区块。因此，更合理地推进中国特色农业现代化道路的思路应该是以发展农业区域经济为突破口，按照上述现代农业发展阶段逐渐展开。

第三节　中国现代农业发展的总体定位

改革开放以来，中国农业获得了长足发展，在产品供求关系、生产目标、增长方式、经营形式、产业关联等方面都发生了显著变化，通过表1-1和表1-3的数据对比，参照上述提出的农业发展阶段的划分标准，可以判定，中国农业发展总体处于从现代农业初步实现阶段到现代农业基本实现阶段的过渡阶段。

从目前状况看，中国农业发展距离达到现代农业基本实现阶段要求，还面临着许多深层次的问题：

第一，从国际环境看，农产品国际竞争日益激烈，农业尽管扩大了发展空间，却更加直接地面临来自国外产品和技术壁垒的严峻挑战。

第二，从目标任务看，农业比较效益尤其是种粮的效益低下，农业产业结构调整势在必行，同时中国粮食供需将长期处于紧平衡状态，保障粮食安全面临严峻挑战。

第三，从资源状况看，耕地面积持续减少，人口增长趋势短期难以逆转，农业发展的资源约束条件日益严峻；水土流失严重，农田生态环境受到很大影响，严重威胁农业生产。

第四，从体制机制看，中国农业和农村发展长期滞后，农村生产要素持续流失、对农业的资金技术支持明显不足的局面尚难改变，根本原因在于维系城乡二元经济结构的经济社会管理体制机制尚未打破。

第五，从生产力水平看，生产力整体水平相对较低，农业产业化程度不高，并且区域差异性较大。

第六，从科技水平看，技术研究开发资金投入不足，农业科技进步对农业增长的贡献率与发达国家差距仍然很大。

第七，从人力资本存量看，农村人力资源丰富，然而农村人力资源整体素质偏低，并且随着农村劳动力转移加快，农业劳动者素质呈结构性下降趋势。

农业进入新阶段后，必须从整体上调整农业和国民经济的关系，从全面建设小康社会和社会主义现代化的全局出发，明确现代农业发展的战略定位，并采取相应的政策措施。

第四节 区域分异视角下农业现代化 阶段的因子分析

本书选取农村居民家庭人均纯收入（X_1）、农村劳动力平均受教育年限（X_2）、劳均耕地面积（X_3）、农村居民家庭每百户拥有大中型拖拉机（X_4）、有效灌溉率（X_5）、单位面积谷物产量（X_6）、粮食商品化率（X_7）、乡镇企业就业人数与农业劳动力之比（X_8）、城镇化率（X_9）、森林覆盖率（X_{10}）、农业增加值比重（X_{11}）11 个指标，对中国 31 个省（市、自治区）的农业现代化发展水平进行测度。

由于所选变量较多，有可能造成变量之间信息重叠，因此首先进行因子分析（Factor Analysis）。因子分析是利用降维的方法，从研究原始变量的相关矩阵出发，把一些错综复杂关系的变量归结为少数几个综合因子的一种统计方法。各变量的描述性统计如表 1-4 所示。

表 1-4　　　　　　　　原始指标的描述性统计

原始指标	最小值	最大值	均值	标准差
X_1：农村居民家庭人均纯收入（元）	2723.79	11440.26	5090.64	2188.97
X_2：农村劳动力平均受教育年限（年）	3.18	10.04	7.93	1.21
X_3：劳均耕地面积（亩/人）	1.08	18.36	4.81	4.33
X_4：农村居民家庭每百户拥有大中型拖拉机（台）	0.14	17.68	3.03	3.52
X_5：有效灌溉率（%）	20.45	96.11	53.34	22.31
X_6：单位面积谷物产量（公斤/公顷）	3544	7352	5446.13	964.47
X_7：粮食商品化率（%）	11	98	43.94	25.24
X_8：乡镇企业就业人数与农业劳动力之比（%）	3.05	130.44	35.99	24.26

续表

原始指标	最小值	最大值	均值	标准差
X_9：城镇化率（％）	27.46	88.70	46.42	15.15
X_{10}：森林覆盖率（％）	2.94	62.96	26.18	17.21
X_{11}：农业增加值比重（％）	0.09	10.03	5.95	2.31
Valid N（listwise）	31			

资料来源：《中国统计年鉴（2009）》、《中国农村统计年鉴（2009）》、《中国农业年鉴（2009）》。

首先进行 Bartlett 检验，P 值为 0.000，因此应拒绝各变量独立的假设，说明原始变量之间有很强的相关性。KMO 检验统计量为 0.716，也说明各变量间的偏相关性较强，适合做因子分析。萃取公因子的方法为主成分分析法，分析碎石图和方差累计贡献率表发现，前五个因子的散点位于陡坡上，且方差累计贡献率达到 87.793%，而后六个因子散点形成了平台，而且特征根均小于 1，因此至多考虑前五个公因子即可。

其次，利用方差最大正交旋转法（Varimax），从简化因子载荷矩阵的每一列出发，将因子载荷矩阵的行作简化，也就是将坐标旋转，使和每个因子有关的载荷方差差异性最大化。获得因子载荷矩阵结果如表 1－5 所示。

表 1－5　　　　　　旋转后的因子载荷矩阵

原始指标	因子 F_1	因子 F_2	因子 F_3	因子 F_4	因子 F_5
X_9：城镇化率（％）	0.948	－0.004	0.147	－0.038	－0.019
X_1：农村居民家庭人均纯收入（元）	0.885	－0.224	0.338	－0.016	0.003
X_8：乡镇企业就业人数与农业劳动力之比（％）	0.849	－0.148	0.217	－0.100	0.017
X_2：农村劳动力平均受教育年限（年）	0.713	－0.062	－0.102	0.225	0.579
X_3：劳均耕地面积（亩/人）	－0.059	0.927	－0.034	－0.105	－0.012

续表

原始指标	因子 F_1	因子 F_2	因子 F_3	因子 F_4	因子 F_5
X_4：农村居民家庭每百户拥有大中型拖拉机（台）	-0.085	0.841	0.035	-0.092	0.204
X_{11}：农业增加值比重（%）	-0.507	0.670	-0.276	0.255	-0.038
X_6：单位面积谷物产量（公斤/公顷）	0.295	0.078	0.882	0.170	0.018
X_5：有效灌溉率（%）	0.448	-0.416	0.570	-0.349	0.181
X_{10}：森林覆盖率（%）	-0.036	-0.111	0.084	0.946	0.053
X_7：粮食商品化率（%）	-0.053	0.617	0.171	-0.004	0.711

可以看出，第一公因子在 X_9、X_1、X_8、X_2 上有较大的载荷，主要从城镇化率、农村居民家庭人均纯收入、乡镇企业就业人数与农业劳动力之比、农村劳动力平均受教育年限四个方面反映农业、农村、农民的整体水平，因此命名为（经济社会）基础竞争力因子；第二公因子在 X_3、X_4、X_{11} 上有较大载荷，从劳均耕地面积、农村居民家庭每百户拥有大中型拖拉机、农业增加值比重三个方面反映农业规模化和机械化水平，因此命名为规模竞争力因子；第三公因子在 X_6、X_5 上有较大载荷，表现为单位面积谷物产量、有效灌溉率两个方面，因此命名为科技竞争力因子；第四公因子在 X_{10} "森林覆盖率" 水平上有较大载荷，因此命名为生态竞争力因子；第五公因子在 X_7 "粮食商品化率" 上有较大载荷，因此命名为市场竞争力因子。

通过回归法，得到因子得分系数矩阵，将公因子表示为经标准化后变量的线性组合。各公因子表达式如下：

$F_1 = 0.288ZX_1 + 0.234ZX_2 + 0.158ZX_3 + 0.046ZX_4 - 0.123ZX_5 - 0.116ZX_6 - 0.163ZX_7 + 0.313ZX_8 + 0.429ZX_9 - 0.004ZX_{10} + 0.000ZX_{11}$

$F_2 = 0.064ZX_1 - 0.094ZX_2 + 0.465ZX_3 + 0.339ZX_4 - 0.195ZX_5 + 0.118ZX_6 + 0.053ZX_7 + 0.085ZX_8 + 0.193ZX_9 - 0.039ZX_{10} + 0.265ZX_{11}$

$F_3 = 0.044ZX_1 - 0.375ZX_2 + 0.004ZX_3 + 0.064ZX_4 + 0.395ZX_5 + 0.792ZX_6 + 0.150ZX_7 - 0.067ZX_8 - 0.162ZX_9 + 0.111ZX_{10} - 0.088ZX_{11}$

$F_4 = 0.057ZX_1 + 0.161ZX_2 - 0.053ZX_3 - 0.080ZX_4 - 0.299ZX_5 + 0.192ZX_6 - 0.085ZX_7 - 0.020ZX_8 + 0.052ZX_9 + 0.805ZX_{10} + 0.208ZX_{11}$

$F_5 = -0.188ZX_1 + 0.627ZX_2 - 0.318ZX_3 + 0.025ZX_4 + 0.295ZX_5 - 0.177ZX_6 + 0.802ZX_7 - 0.164ZX_8 - 0.300ZX_9 - 0.024ZX_{10} - 0.172ZX_{11}$

其中，F_1、F_2、F_3、F_4、F_5 分别代表基础竞争力因子、规模竞争力因子、科技竞争力因子、生态竞争力因子、市场竞争力因子。

通过计算标准化得分，各省（市、自治区）在五个公因子方面的分数如表 1-6 所示。

表 1-6　　　　　　各省（市、自治区）不同因子的得分

地区	基础竞争力 (F_1)	规模竞争力 (F_2)	科技竞争力 (F_3)	生态竞争力 (F_4)	市场竞争力 (F_5)
北京	1.97	-0.98	0.04	-0.52	0.62
天津	1.61	-0.31	-0.44	-1.14	0.09
河北	-0.27	-0.60	-0.23	-0.81	1.84
山西	0.30	0.31	-2.29	-0.24	0.15
内蒙古	0.53	1.64	-0.61	-0.37	-0.40
辽宁	0.52	0.66	0.41	0.75	1.22
吉林	0.14	2.27	1.28	1.32	-0.02
黑龙江	0.57	3.57	-0.14	0.74	0.20
上海	3.20	-0.54	0.72	-1.25	-1.33
江苏	0.61	-0.44	0.83	-1.03	0.38
浙江	0.88	-0.54	1.34	1.49	-1.08
安徽	-0.99	-0.27	0.48	-0.38	1.58
福建	0.31	-0.74	0.68	1.64	-0.39
江西	-0.81	-0.88	0.86	1.16	1.37

续表

地区	基础竞争力 （F_1）	规模竞争力 （F_2）	科技竞争力 （F_3）	生态竞争力 （F_4）	市场竞争力 （F_5）
山东	-0.06	-0.23	0.62	-0.62	1.03
河南	-0.79	0.06	0.70	-0.68	1.48
湖北	-0.26	-0.20	0.39	0.23	0.53
湖南	-0.50	-0.92	0.98	0.71	0.29
广东	0.81	-0.83	-0.38	0.86	-0.30
广西	-0.43	-0.68	-0.71	0.93	0.31
海南	-0.02	-0.33	-1.23	1.54	-0.61
重庆	-0.26	-0.22	0.04	0.57	-1.36
四川	-0.58	-1.01	-0.08	0.18	-0.31
贵州	-1.02	-0.43	-0.54	0.26	-1.13
云南	-0.75	-0.19	-1.12	0.85	-0.86
西藏	-1.96	0.00	1.71	-1.33	-2.68
陕西	-0.16	0.12	-1.78	0.36	0.45
甘肃	-0.62	0.22	-1.82	-1.05	-0.08
青海	-0.78	-0.31	-1.01	-1.68	-0.69
宁夏	-0.52	0.79	-0.04	-0.85	-0.78
新疆	-0.67	1.00	1.34	-1.63	0.49

通过观察各区域的因子得分可以发现：①西北绿洲、青藏高原地区的青海、宁夏、西藏，在基础竞争力、科技竞争力、生态竞争力、市场竞争力方面整体得分低于全国平均水平；②东北地区的黑龙江、吉林、辽宁，在规模竞争力方面得分非常高，其余方面平均得分属于全国中等偏下水平；③南方丘陵地区的湖北、湖南、江西，在科技竞争力、生态竞争力、市场竞争力方面平均得分较高，但在基础竞争力、规模竞争力方面得分较低；④长江中下游地区的浙江、江苏，在基础竞争力、科技竞争力方面得分普遍较高，但在规模竞争力方面整体得分较低。

第五节　各省（市、自治区）农业现代化
发展阶段的判别分析

通过测评各省（市、自治区）不同因子的得分，本书首先归纳出农业现代化发展阶段的四个不同类型：第一类以青海、宁夏、西藏为代表；第二类以黑龙江、吉林、辽宁为代表；第三类以湖北、湖南、江西为代表；第四类以浙江、江苏为代表。

其次，在基础竞争力、规模竞争力、科技竞争力、生态竞争力、市场竞争力五大因子的基础上进行判别分析（Discriminant Analysis）。判别分析采用贝叶斯（Bayes）判别法。传统的距离判别法和 Fisher 判别法不考虑样本的具体分布，只寻求不同组间差异与各组内差异的比值最大化。贝叶斯判别法则是在解决这个问题后提出的一种新方法，它的基本思想是在考虑先验概率的前提下，按照一定准则构造一个判别函数，利用 Bayes 公式分别计算各样本落入各个类别的概率，然后用最大后验概率来划分样本的分类，并使期望损失（或期望判错率）达到最小。

根据已经掌握的四种阶段类型的样本信息，得到四种类型的贝叶斯判别函数式如下：

第一类：$G_1 = -10.738 - 12.856F_1 - 0.754F_2 - 8.199F_3 - 0.470F_4 - 4.369F_5$

第二类：$G_2 = -11.985 + 6.387F_1 + 5.014F_2 + 8.209F_3 + 0.652F_4 + 6.103F_5$

第三类：$G_3 = -5.553 - 6.575F_1 + 0.946F_2 + 0.416F_3 + 2.904F_4 + 4.346F_5$

第四类：$G_4 = -17.246 + 24.145F_1 - 1.193F_2 + 13.266F_3 - 5.269F_4 - 0.061F_5$

通过判别函数分别计算 31 个省（市、自治区）属于农业现代化阶段各个类别的分数，获取最高得分组和第二高分组，贝叶斯判别结果如表 1-7 所示。

表1-7　各省（市、自治区）农业现代化阶段的贝叶斯判别结果

地区样本	最高得分组				第二高分组		
	实际所属组	预测所属组	后验概率	与每组中心的马氏（Mahalanobis）距离	预测所属组	后验概率	与每组中心的马氏（Mahalanobis）距离
北京	未分类	4	1.000	14.965	2	0.000	85.529
天津	未分类	4	1.000	7.046	2	0.000	65.508
河北	未分类	3	1.000	0.327	2	0.000	18.534
山西	未分类	1	1.000	1.117	3	0.000	24.331
内蒙古	未分类	2	0.899	17.301	3	0.072	22.348
辽宁	2	2	0.999	3.206	3	0.001	16.429
吉林	2	2	1.000	0.175	3	0.000	23.410
黑龙江	2	2	1.000	3.326	3	0.000	29.494
上海	未分类	4	1.000	148.116	2	0.000	296.404
江苏	4	4	1.000	0.098	2	0.000	32.642
浙江	4	4	1.000	0.098	2	0.000	36.584
安徽	未分类	3	1.000	4.025	2	0.000	30.043
福建	未分类	3	0.957	10.102	4	0.032	16.923
江西	3	3	1.000	4.549	2	0.000	32.535
山东	未分类	3	0.505	9.326	2	0.489	9.390
河南	未分类	3	0.999	1.561	2	0.001	15.269
湖北	3	3	0.999	1.681	2	0.001	16.000
湖南	3	3	1.000	1.020	2	0.000	21.341
广东	未分类	4	0.987	12.925	3	0.013	21.643
广西	未分类	3	0.744	12.135	1	0.256	14.265
海南	未分类	1	0.998	6.013	3	0.002	18.422
重庆	未分类	1	0.998	4.396	3	0.002	17.371
四川	未分类	1	0.952	6.643	3	0.048	12.606
贵州	未分类	1	1.000	8.664	3	0.000	39.689
云南	未分类	1	1.000	13.679	3	0.000	42.052
西藏	1	1	1.000	0.742	3	0.000	41.308
陕西	未分类	1	0.997	9.958	3	0.003	21.600
甘肃	未分类	1	1.000	7.597	3	0.000	44.062
青海	1	1	1.000	1.678	3	0.000	42.911
宁夏	1	1	0.999	4.428	3	0.001	17.974
新疆	未分类	2	0.980	4.950	3	0.020	12.753

对各省(市、自治区)农业现代化阶段得分进行比较,得分最高的一类就是该省(市、自治区)相应的类别。表1-8为具体的分类判别结果。

表1-8　31个省(市、自治区)农业现代化阶段的分类判别结果

类别	地区	地区个数
第一类	山西、海南、重庆、四川、贵州、云南、西藏、陕西、甘肃、青海、宁夏	11
第二类	内蒙古、辽宁、吉林、黑龙江、新疆	5
第三类	河北、安徽、福建、江西、山东、河南、湖北、湖南、广西	9
第四类	北京、天津、上海、江苏、浙江、广东	6

最后对判别分析的效果进行验证。由于本书将全国31个省(市、自治区)的农业现代化所处阶段划归为4大类,按照"25%"法则,正确判别率(Hit Ratio)的临界值为(100%÷4)×1.25=31.25%。采用回代法得到的判别信息与原判别结果对比,发现所有类别均被正确预测,正确率为100%。然后,用交互验证法(Cross - Validation)得到的判别信息与原判别结果对比,也发现63.6%的类别被正确归类,远高于31.25%的临界值,说明判别结果良好。

第六节　不同区域现代农业发展阶段的聚类分析

通过前文的因子分析和判别分析可以看到,由于中国各地区资源禀赋、经济基础、社会结构不同,农业发展呈现出多层次性和不平衡性。为了更好地分析各地区现代农业所处的发展阶段,本书构建了一个综合评价体系,选取4个一级指标和12个二级指标,分别从不同角度对各区域的农业发展进行度量。

选取指标主要基于以下两点:第一,选择独立性较强的指标。所选指标至少能在一定程度上反映现代农业某一方面基本特征;第二,重视可操作性和实用性。所选指标均是可度量的，同时所有指标的口径相同，以便于横向和纵向比较。本书设计的指标体系如表1-9所示。

表1-9 现代农业发展阶段的评价指标

	一级指标	二级指标	代表特征
现代农业发展阶段	A. 农业经济和农村社会	F_{11}农业GDP比重（%）	总体GDP
		F_{12}人均总产值（元/人）	个体GDP
		F_{13}城镇化率（%）	城镇化
	B. 农业的生产要素投入	F_{21}单位面积有效灌溉率（%）	水利化
		F_{22}单位面积有效施肥量（千克/公顷）	化学化
		F_{23}单位面积农机总动力（千瓦/公顷）	机械化
	C. 农业生产效益和效率	F_{31}乡镇企业人数与农业劳动力之比（%）	产业化
		F_{32}单位面积谷物产量（千克/公顷）	土地生产率
		F_{33}人均粮食产量（千克/人）	劳动生产率
	D. 农业科技与农民素质	F_{41}农业专业技术人员配比（人/千户）	科技
		F_{42}农村劳动力平均受教育年限（年）	教育
		F_{43}农村居民家庭人均纯收入（元/人）	农民生活

12项二级指标的主要统计量如表1-10所示。

表1-10 12项二级指标的主要描述统计量

指标	最小值	最大值	均值	标准差
农业GDP比重（%）（2010年）	0.70	26.10	10.99	5.45
人均总产值（元/人）（2010年）	13228.39	74537.47	33052.20	16675.44
城镇化率（%）（2009年）	23.80	88.60	49.11	14.63
单位面积有效灌溉率（%）（2010年）	25.23	91.25	53.93	21.03
单位面积有效施肥量（千克/公顷）（2010年）	131.07	909.98	470.97	212.19
单位面积农机总动力（千瓦/公顷）（2010年）	3.16	16.07	7.95	3.84
乡镇企业人数与农业劳动力之比（%）（2010年）	13.68	141.27	39.77	25.72
单位面积谷物产量（千克/公顷）（2010年）	3756.00	6867.00	5390.48	876.53

续表

指标	最小值	最大值	均值	标准差
人均粮食产量（千克/人）（2010年）	56.00	1309.00	404.13	269.92
农业专业技术人员配比（人/千户）（2009年）	0.50	31.20	5.16	7.21
农村劳动力平均受教育年限（年）（2010年）	4.50	11.20	8.44	1.18
农村居民家庭人均纯收入（元/人）（2010年）	3424.65	13977.96	6326.77	2672.42
Valid N（listwise）	31			

　　资料来源：根据《中国统计年鉴》（2011）、《中国农村统计年鉴》（2011）、《中国农业统计年鉴》（2010）相关数据进行计算后汇总。

　　由于不同指标的取值差异较大，所以先对原始数据进行标准化处理，以避免指标值差异过大对分类结果产生影响。然后，采用系统聚类法（Hierarchical Cluster）分析。通过离差平方和法（Ward's Method）计算类与类之间的距离，使得同类地区间的离差平方和较小，而类与类之间离差平方和较大，得到聚类结果如图1-1所示。

　　图1-1是中国不同区域现代农业发展阶段的系统聚类图。可以发现，就所选指标而言分成4类比较合适。于是采用K-均值聚类法（K-Means Cluster），并确定要形成的聚类数目为4。通过6次迭代过程，类别聚合点已经形成收敛。K-均值聚类结果如表1-11所示。

表1-11　中国31个省（市、自治区）现代农业发展阶段的
K-均值聚类结果

类别	地区	个数
第一类	山西、广西、重庆、四川、贵州、云南、西藏、陕西、甘肃、青海、宁夏	11
第二类	内蒙古、辽宁、吉林、黑龙江	4
第三类	河北、安徽、福建、江西、山东、河南、湖北、湖南、海南、新疆	10
第四类	北京、天津、上海、江苏、浙江、广东	6

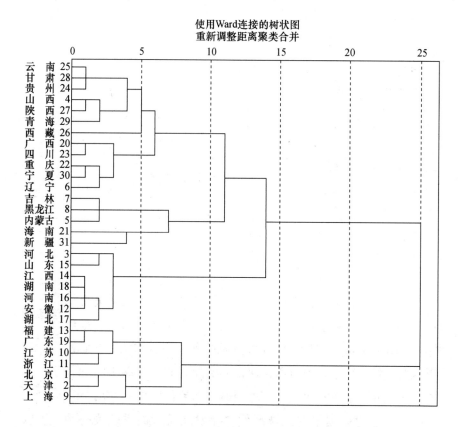

图1-1 中国31个省（市、自治区）现代农业发展阶段的系统聚类

资料来源：《中国统计年鉴（2011）》、《中国农村统计年鉴（2011）》、《中国农业统计年鉴（2010）》。

比较两次聚类结果发现，除辽宁、海南、新疆、福建四省（自治区）在相邻类别之间略有波动外，系统聚类和K-均值聚类的结果完全相同，说明聚类结果还是很稳定的。此外，从分类结果看，第一类主要属于西部地区；第二类主要属于东北地区；第三类主要属于中部地区；第四类主要属于东部地区。

利用表1-12方差分析可以看出，除了农业专业技术人员配比之外，其余指标的P值（Sig.）均接近于0，说明分类后各个类别之间在不同指标上都有显著的差异。由此证明，将31个省（市、自治区）划分成4大类是合理的。

表 1－12　　　　　　　分类后各指标在类别之间的方差分析

标准化指标	聚类		误差		F 值	P 值 Sig.
	均方	df	均方	df		
Zscore：农业 GDP 比重（%）	5.669	3	0.481	27	11.779	0.000
Zscore：人均总产值（元/人）	7.782	3	0.246	27	31.582	0.000
Zscore：城镇化率（%）	7.067	3	0.326	27	21.683	0.000
Zscore：单位面积有效灌溉率（%）	7.115	3	0.321	27	22.201	0.000
Zscore：单位面积有效施肥量（千克/公顷）	6.015	3	0.443	27	13.587	0.000
Zscore：单位面积农机总动力（千瓦/公顷）	4.275	3	0.636	27	6.721	0.002
Zscore：乡镇企业人数与农业劳动力之比（%）	4.992	3	0.556	27	8.970	0.000
Zscore：单位面积谷物产量（千克/公顷）	3.328	3	0.741	27	4.490	0.011
Zscore：人均粮食产量（千克/人）	6.529	3	0.386	27	16.931	0.000
Zscore：农业专业技术人员配比（人/千户）	2.007	3	0.888	27	2.259	0.104
Zscore：农村劳动力平均受教育年限（年）	4.456	3	0.616	27	7.234	0.001
Zscore：农村居民家庭人均纯收入（元/人）	8.183	3	0.202	27	40.534	0.000

第七节　现代农业发展的分类推进策略

不同省（市、自治区）之间现代农业发展差异的形成是自然资源禀赋、农业科技水平、农业建设资金、市场供求关系、劳动力状况和生产制度等共同作用的结果。这种差异决定了各地区在现代农业的主要任务和突破口等方面是有所区别的。因此，必须从区域分异视角出发，在对中国各区域农业发展所处阶段进行科学定位的基础上，实施分类推进策略。

一 西部地区

山西、广西、重庆、四川、贵州、云南、西藏、陕西、甘肃、青海、宁夏11个省（市、自治区）的农业发展正处在从传统农业的转型期到现代农业初步实现阶段的过渡阶段。

该阶段主要任务一是选择一批生产条件较好、市场前景广阔、在某些方面有比较优势的农产品，确定其优势产区，实施"发挥比较优势、扶优扶强"的非均衡发展战略，在发挥市场配置资源的基础性作用的同时，实施政策倾斜，促进农业生产要素的合理区域布局和专业分工的形成。二是通过加快农村非农产业和农村城镇化发展步伐，在劳动密集型或高附加值农业部门中创造多样化的就业机会，逐步引导农村剩余劳动力转入经济快速增长的领域。

二 东北地区

内蒙古、辽宁、吉林、黑龙江4个省（自治区）的农业发展正处在现代农业初步实现阶段。

该阶段主要任务是加强对农业组织的扶持。通过采取兼并、重组、参股、收购等方式，重点培育一批经济效益好、经营水平高、带动能力强的农产品加工企业。同时，通过规范化管理、标准化生产、品牌化经营等方式，创造一批在国际市场具有影响力的知名企业和地理标志农产品。

三 中部地区

河北、安徽、福建、江西、山东、河南、湖北、湖南、海南、新疆10个省（自治区）的农业发展正处在从现代农业初步实现阶段到现代农业基本实现阶段的过渡阶段。

该阶段的主要任务一是优化农作物品种结构，提高单产和品质。以市场需求为导向，着力开发禽类、鱼类、奶类和园艺等高附加值的农产品，并积极发展无公害农产品、绿色食品、有机农产品。二是加速农业产业升级。通过发展精深加工、完善生鲜农产品配送体系、推进订单农业和"农超对接"等措施，有效提升农产品供应链的竞争力。

四　东部地区

北京、天津、上海、江苏、浙江、广东6个省（市）的农业发展正在进入现代农业基本实现阶段。

该阶段的主要任务一是加快小城镇建设步伐。把发展重点放在县城和部分基础条件好、发展潜力大的建制镇，通过产业拉动、技术辐射和人员培训等方式，带动周边地区现代农业的发展。二是重视农业的战略功能和生态涵养功能。通过合理投资和正确的激励措施，积极发展资源节约型和环境友好型农业，实现农业经济、农村社会和自然环境的和谐发展。

第二部分　农商管理

第二章　"农户+合作社+超市"模式

第一节　研究背景

近年来，为了应对农产品价格大幅波动，"菜贱伤农、菜贵伤民"现象的交替出现以及食品质量安全问题的持续压力，商务部和农业部基于中国农产品流通体系的现状，在全国范围内开始推广"农超对接"，期望这种新型的农产品流通模式能够保障农产品的顺畅销售、促进农产品供应链的优化升级、提高农产品的质量安全水平，实现农民、超市和消费者三方的共赢。

"农户+合作社+超市"模式是当前中国"农超对接"中最具代表性的模式。2007年10月，安徽省砀山县良梨镇农民专业合作社的砀山梨进入了家乐福超市，揭开了"农民+合作社+超市"模式"农超对接"的序幕（胡定寰，2010）。目前，"农户+合作社+超市"模式经营的农产品品种主要是蔬菜和水果。通过"农超对接"，可以有效减少蔬果产品采购的中间环节，降低蔬果产品的流通成本，同时最大限度地保证蔬果产品的新鲜度。此外，一些特而专、新而奇、精而美的特色农产品和高品质的有机农产品，也是通过"农户+合作社+超市"模式进行销售，这些农产品在超市不仅实现了农产品的"优质优价"，也有效地提升了其种植户和加工商的收益。

"农超对接"在中国出现的时间不长，但成长非常迅速。这首先得益于农民专业合作社在中国的产生和迅速发展。作为交易中介，农民专业合作社为小规模农户与超市的对接提供了组织保障。各地的实践证明,"农户＋合作社＋超市"模式是"农超对接"有效模式(姜增伟,2009)。国际经验也表明,农民专业合作社可以通过向其社员提供生产资料供给、农产品精深加工、农产品销售等服务,帮助小农户解决市场经济中遇到的各种问题(World Bank,2006)。一些经营不错的合作社更是发展成为具有一定规模的农工商综合企业,为农产品的质量加工和农户增收创造了平台。

其次,超市的产生和迅速发展也为"农超对接"模式的成长提供了载体。自从1990年在广东东莞虎门镇诞生中国第一家超市"美佳超级市场"以来,超市在全国各地迅速涌现(胡定寰,2010)。与此同时,跨国大型超市集团纷纷进驻中国零售市场,如1995年进驻的法国家乐福超市、1996年进驻的美国沃尔玛超市和德国麦德龙超市、1997年进驻的泰国易初莲花超市、2004年进驻的英国乐购(Tesco)超市。此外,超市的数量也以每年30%—40%的速度增加,使中国成为世界上超市发展最快的国家(Hu et al.,2007)。超市利用自身的销售渠道和市场信息优势参与农产品生产、加工和流通全过程,为农户和合作社提供信息咨询、技术指导、产品营销等一系列服务,有力地推动了"农超对接"模式的发展。

除了合作社和超市的产生和迅速发展,中国政府的支持也为"农超对接"的成长提供了有利的制度支撑。2008年,中央一号文件指出"加强农村市场体系建设,加强粮食现代物流体系建设,开展鲜活农产品冷链物流试点",2008年12月,商务部和农业部联合发布《关于开展"农超对接"试点工作的通知》,正式启动了"农超对接"试点工作。自从试点工作开展以来,"农超对接"取得长足发展。2009年,中央一号文件更是突出强调"支持大型连锁超市和农产品流通企业开展农超对接,建设农产品直接采购基地"。另外,2009年中央财政注入4亿元专项资金,在全国建设200个"农超对接"项目。商务部、财政部、农业部在全国选择了15个条件相对成熟的省份开展"农超对接"试点,支持"农超对接"项目建设。在政策的刺激以及业内一片看好的背景下,大型零售超市实施的

"农超对接"迅速发展，包括沃尔玛、家乐福、乐购、华润万家等多个大型零售企业签下"农超对接"合作协议。2010年中央一号文件又提出"全面推进'农超对接'，重点扶持农产品生产基地与大型连锁超市、学校及大企业等产销对接，减少流通环节，降低流通成本"。

第二节　研究目的与意义

一　研究目的

本书的研究目的是：以"农超对接"的发展实践为基础，以"农超对接"的实地调查数据和访谈资料为依托，遵循理论演绎、定量研究和案例分析"证据三角"的原则（Yin，1994），分析"农户＋合作社＋超市"模式的合作绩效与合作剩余分配机制。为了实现这一研究目的，本书将重点回答以下问题：

问题1：如何在"农户＋合作社＋超市"模式中创造农产品的溢价？"农户＋合作社＋超市"模式本身又是如何产生合作剩余，以创造并维持该模式的竞争优势？

问题2："农户＋合作社＋超市"模式能否使农户增收？在众多的农产品销售渠道中，"经合作社卖给超市"销售渠道（即"农户＋合作社＋超市"模式）的增收效果排名第几？

问题3："农户＋合作社＋超市"模式为什么会对农户的安全生产行为和质量加工行为产生影响？农户采取安全生产行为和质量加工行为的实际效果如何？除了"农户＋合作社＋超市"模式本身，还有哪些因素在影响农户的生产和加工行为？

问题4："农户＋合作社＋超市"模式能否在农产品供应链中建立一个既公平又有效率的合作剩余分配方案，以维持农产品供应链中相关主体之间的合作？哪些因素决定了该模式中相关主体的合作剩余分配方案？

问题5：除了分配问题，还有什么因素会制约"农户＋合作社＋

超市"模式中的合作，"农超对接"未来可能的发展方向又是什么？

二　研究意义

传统的农产品供应链中一直存在三大风险，即自然风险、市场风险和控制风险。目前大多数学者认为，"农超对接"作为中国农产品流通方式的一次创新，可以通过超市的信息咨询、技术指导、产品营销等方式，在一定程度上抑制农产品的自然风险和市场风险。不过，"农超对接"模式对于控制自然风险和市场风险的效果如何，目前少有实证研究支持这一假说。此外，"农超对接"是否会产生额外的控制风险，也有待进一步的分析。

本书以当前"农超对接"中最具代表性的"农户＋合作社＋超市"模式为例，基于山东、海南、浙江三省的农户问卷调查数据，以及合作社和超市的访谈资料，分析"农户＋合作社＋超市"模式是如何控制自然风险和市场风险，使得"农户＋合作社＋超市"模式的合作绩效提升，又是如何消除控制风险，使该模式得以建立有效的合作剩余分配机制。因此，无论是从理论角度还是实践角度，本书都具有重要的意义。

理论意义：①通过将 Porter 的竞争优势理论在农产品中具体应用，建立了农产品市场价值的分析框架，有助于今后对特定农产品的质量和成本进行细化研究；②通过诱致性技术变迁和诱致性制度变迁理论，分析了"农户＋合作社＋超市"模式对农户安全生产行为和质量加工行为的影响，为今后有关农户生产和加工行为的研究提供了借鉴；③基于 Barzel 的产权理论，从信息获取能力和风险控制能力两个维度，构建了农产品供应链中不同主体之间的合作剩余分配机制。

现实意义：①通过分析"农户＋合作社＋超市"模式对种植劳动密集型特色农产品的农户的增收效应，为相关部门推广"农超对接"模式提供决策参考；②通过分析"农户＋合作社＋超市"模式的合作剩余分配机制，有利于在农产品供应链的不同行为主体之间，建立更加紧密和稳定的合作关系；③通过分析"农户＋合作社＋超市"模式的制约因素，旨在推动"农超对接"模式的进一步完善，并指出今后农产品供应链中更高级的合作模式可能的发展方向。

第三节 研究方法和技术路线

一 研究方法

本书以国内外相关文献和一手调研数据为基础,以"农户＋合作社＋超市"模式为例,对"农超对接"进程中农产品供应链的合作绩效与剩余分配展开分析。在具体研究的过程中,综合运用了实地调查、统计分析和案例研究等方法。具体说明如下:

(1)实地调查法。包括农户调查问卷,以及合作社和超市的访谈资料两部分。农户调查问卷是基于预调研基础上设计的正式调查问卷。内容涉及农户特征、农户认知、生产特征、加工和运输特征、销售特征、市场环境特征、区域特征等多个方面。调查对象是通过在山东、海南、浙江三省进行分层抽样方法选取,调查方式是课题组成员与样本农户一对一面谈的方式。在对农户进行问卷调查的同时,课题组成员还对一些合作社的理事长和超市负责人进行深度访谈,了解这些合作社与超市对接的情况。

(2)统计分析法。包括方差分析(ANOVA)、OLS、2SLS、数据包络分析(DEA)、二元 Probit 模型、二元 Logistic 模型、有序 Logistic 模型。在具体分析时,本书在理论演绎因果机制的基础上,通过方差分析方法分析不同销售渠道下的样本农户在生产经营中所面临问题的差异;通过 OLS 和 2SLS 方法分析"农户＋合作社＋超市"模式对农户销售净收入的影响;通过 DEA 方法测量不同销售渠道下的样本农户选择不同的生产和加工行为时的效率;通过二元 Probit 模型和二元 Logistic 模型,分别分析了农户的安全生产行为和质量加工行为的影响因素;通过有序 Logistic 模型和二元 Logistic 模型,分别分析了"农户＋合作社＋超市"模式中农户的信息获取能力和风险控制能力的影响因素。

(3)案例研究法。一般的定量研究容易忽视背景的作用,而案例研究则能够在一定程度上弥补一般定量研究的不足，在那些需要结合事物背景来说明事物运作机制的研究中，案例研究尤为重要（Yin，1994）。本书利用笔者在澳大利亚国立大学（The Australian National University，ANU）访学时调研获取的澳大利亚超市的案例资料，剖析农产品供应链中的合作绩效和合作剩余分配的影响因素，并指出目前"农超对接"模式中亟须改进之处。

二　技术路线

本书关注的一个核心问题是：如何在"农户＋合作社＋超市"模式中创造出合作剩余。为了清楚地回答这个问题，本书借鉴了 Porter 的竞争优势理论、Schumpeter 的创新理论、诱致性技术变迁和诱致性制度变迁理论三个经典理论，并分别从农产品的溢价、农产品供应链的合作绩效、农户的合作行为三个维度阐述"农户＋合作社＋超市"模式的合作剩余创造。在此基础上，本书还分析了该模式的合作剩余创造对农户销售收入、农户经营行为的影响。

本书核心问题的分析框架如图 2 - 1 所示。

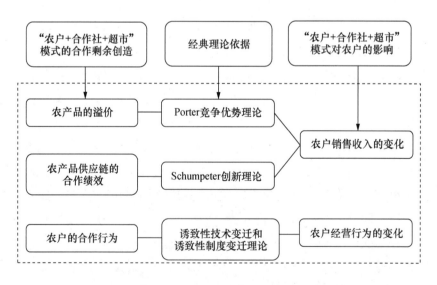

图 2 - 1　核心问题的分析框架

第四节 可能的创新之处

第一，拓展了经典理论的适用范围。本书的理论拓展主要有：①基于 Porter 的竞争优势理论和 Nelson 对产品品质属性的划分，建立了农产品市场价值影响因素的分析框架。②基于诱致性制度变迁和诱致性技术变迁理论，为农户的安全生产行为和质量加工行为的分析提供了理论基础。③基于 Barzel 的产权理论，从信息获取能力和风险控制能力两个维度分析了农产品供应链中不同主体之间的合作剩余分配机制。

第二，研究视角的创新。本书以"农超对接"这种新型农产品流通模式为分析对象，但研究视角并不局限于"农超对接"。而是以"农超对接"为载体，分析农产品供应链中不同主体之间的竞合关系，即农产品供应链中的合作剩余创造与分配机制。在研究过程中，基于理论演绎、定量研究和案例分析"三角结合"的原则，尝试分析了影响农产品供应链中不同主体之间高效稳定合作的约束条件，为农产品供应链的优化升级提供理论参考和实证研究积累。

第三，研究方法创新。尽管 2SLS、DEA、有序 Logistic 模型等方法在农业经济研究的许多领域都得到了一定程度的应用，但用于"农超对接"模式研究中的尚不多见。笔者基于三省调研数据，根据研究需要利用 OLS 和 2SLS 方法分析"农户+合作社+超市"模式对农户的增收效应；利用 DEA 方法分析不同销售渠道下农户采用不同经营行为时的效率；利用有序 Logistic 模型和二元 Logistic 模型，分析农户的信息获取能力和风险控制能力的影响因素，这些均属于一定程度的方法创新。

第五节 相关概念

一 农超对接

"农超对接"是指超市到农村采购农产品，并把农户的产品直接送进超市（胡定寰，2010）。即使按照字面进行解释，"农超对接"的含义也是，农产品的生产者（农）直接把自己种植的农产品出售给超市（超），或超市直接（对接）采购生产者种植的农产品。

胡定寰（2009）总结了"农超对接"的三种主要模式：一是以家乐福超市为代表的"农户 + 合作社 + 超市"模式；二是以麦德龙超市为代表的"农户 + 龙头企业 + 超市"模式；三是以山东家家悦超市为代表的"生产基地 + 超市"模式。

本书分析的具体对象为"农户 + 合作社 + 超市"模式。合作社起源于英国曼彻斯特市的罗虚代尔（Rochdale）镇。1844 年，该镇的纺织工人组建了公平先锋社（罗虚代尔先锋社，Rochdale Society of Equitable Pioneers），即合作社的前身，该社实行"民主管理制度"，在重大问题决策时实行"一人一票"制。关于合作社的概念，最权威的定义当属国际合作社联盟成立 100 周年（1995 年）所做出的定义："合作社是由自愿联合的人们，通过其共同拥有和民主控制的企业，满足他们共同的经济、社会和文化需要及理想的自治联合体。"[①] 本书中，对真正的合作社和"翻牌"合作社的辨别，主要依据合作社是否从事农产品生产、加工、销售等市场经济活动。

超市是同一个经营权所有或者管理之下，采用以顾客自我服务为主要形式的销售各种食品和家庭生活用品的大型连锁商店。现实生活中，超市具有折扣店（Discount Store）、便利超市（Convenience Supermarket）、社区超市（Community Supermarket）、综合超市（General Supermarket）、大型超市（Hypermarket）、仓储式会员（Warehouse

---

① International Co‑operative Alliance, "Statement on the Co‑operative Identity", 1995.

Club）等多种形式。

一般而言，超市会按照经营产品的类型设立多个处，包括：①杂货处；②生鲜处；③百货处；④家电处；⑤纺织处。超市的生鲜处下面一般配有六个科：①熟食科；②海产品科；③蔬菜水果科；④面包科；⑤肉科；⑥散装干果科。其中，熟食科主要经营的商品有面点、杂料烤类、冷切类；海产品科主要经营冷冻水产品、冰鲜水产品、鲜活水产品和加工水产品；蔬菜水果科主要经营各类的生鲜蔬菜和水果；面包科主要经营各种点心和主食面包；肉科主要经营猪肉、羊肉和鸡鸭等；散装干果科主要经营蜜饯、散装干果类等（胡定寰，2010）。

二 合作剩余

农产品供应链中的相关主体合作的目的，是合作把饼做大，然后通过一定的规则把饼分掉（Nalebuff & Brandenburger，1996）。

合作剩余是指合作主体通过合作得到的净收益与不合作所能得到的净收益之间的差额（黄少安，2000）。单纯从字义上讲，"合"是指多个主体聚在一起，而"作"则是指操作、从事。因此，"合作"是指多个主体互相配合做某事或共同完成某项任务，即协作和配合的意思（黄少安等，2011）。如果合作剩余为正值，合作行为可以给相关主体带来利益，那么该主体就有积极性进行合作。当然，较高程度的合作与较低程度的合作相比，在合作剩余上肯定会有差别。

农产品溢价是指超出正常竞争条件下市场价格的那部分价格，即消费者由于消费某一农产品而愿意支付的额外货币，它是农产品供应链中合作剩余在农产品价格上的具体体现。通过农产品的溢价效应，农产品供应链中相关主体可以获得更多的收益。

第六节 文献综述

本小节根据本书的研究目的，对"农超对接"相关文献进行梳理。然后，结合国内外农产品供应链的研究重点与本书的研究视角，从农工商综合经营（Agribusiness）、农业产业化（Agro-Industrializa-tion）、订单农业（Contract Farming）三个方面对相关文献进行综述。

一 农超对接

"农超对接"进程始于20世纪70年代，但自从经历20世纪90年代经济全球化和贸易自由化浪潮后，这种进程才开始加速。伴随着"农超对接"的发展，超市的采购系统也发生了巨大变化。Reardon 等（2002）认为超市的采购系统变化主要包括以下三方面：第一，超市的采购对象从原来的传统农产品批发商，转向拥有全年供货能力和优良储藏运输设施的专业批发商。第二，超市的采购模式从传统的市场交易转向供应链的垂直一体化合作。第三，超市的采购体系从地域性的采购系统，转变到国际化、区域化、全球化交织的立体采购网络。Reardon 等（2003）进一步发现超市采购农产品的种类也在不断变化，进入超市的首先是完全加工产品（例如包装食品），其次是半加工品（例如猪肉和奶制品），直到21世纪初超市才开始接触生鲜农产品（例如蔬菜）。Berdegué 等（2005）总结了超市农产品采购系统的三个主要变化：第一，随着超市门店增加，原有的采购系统逐渐转变为一个物流配送中心；第二，超市从依赖传统批发市场和中间商，转向依靠某类产品的指定供应商；第三，超市更多执行其特定的质量和安全标准，许多小农户和加工商由于无法达到超市的要求，而被排除出超市的采购系统。尽管"农超对接"的发展时间不长，但其独特的经营模式所产生的效益已经日益彰显，Reardon 等（2007）认为，由于拥有消费者偏好和市场价格等信息资源，一些全球领先的超市集团，如沃尔玛（Wal-Mart）、家乐福（Carrefour）、麦德龙（Metro）、乐购（Tesco）等，通过这些稀缺资源获得竞争优势，从而在创造消费者剩余的同时，自身也获得生产者剩余。该文分析了"农超对接"在发展中国家快速发展的两点原因：一是超市通过现代化的采购系统以及本地供应链的发展，有效地将批发商、物流商、加工企业联结起来；二是超市成功组建了跨地区层面、国家层面和全球层面的立体采购网络。

此外，伴随着超市采购系统的变化，小农户也面临着越来越多来自超市方面的压力,有证据显示(Dolan et al.,2000),包括产量、成本、质量和稳定性的要求,许多超市在生鲜农产品采购过程中,开始执行其严格的质量和安全标准,使得小农户原有的生产和经营模式面临严峻的挑战。Hu 等(2004)认为,"农超对接"为中国农民提供了增加收入的机会,但农户与超市之间的衔接也面临一些挑战,例如农户种植规模偏小、难以有效组织等。Witsoe(2006)的研究也显示,产品质量、产品可追溯性、农户个体信用等是小农户加入"农超对接"时面临的主要约束。不过,尽管超市倾向于从大中型供应商处采购,但仍有大量的小农户被纳入超市采购系统之中。Reardon 等(2009)的分析表明,由于发展中国家的农业生产主体以小农户为主,超市被迫考虑从小农户处采购,灌溉条件、合作组织、农业设施、交通条件是超市进行农产品采购招标时重点考虑的因素。如果农民缺乏必要的信用和合格的生产资料,超市还会通过合同等形式加强对农户的约束。另外,Stokke(2009)在分析"农超对接"对发展中国家农业的影响时指出,农户能否从"农超对接"中受益取决于其生产能力和市场交易能力,超市愿意帮助农民加入"农超对接",尽管短期内超市帮助农民会增加其成本,但从长期来看,超市能通过农户生产技能的提升获得回报。

"农超对接"进程不可避免地会对传统的批发市场造成冲击。Reardon 等(2006)从产品质量、价格、便利程度几个方面,分析了发展中国家的超市和上游供应商、超市和传统零售商之间的竞争关系,认为超市具有规模经济、协调能力、产品多样化、便捷性等优势,给传统零售商带来巨大挑战,而对上游供应商则是挑战和机会共存。Minten 等(2008)通过比较 10 个发展中国家的超市和批发市场,发现超市利用采购系统的规模优势、加工食品的易存储性,以及"一站式"运输的便捷性,有效地节约了交易成本,使超市在加工食品市场具有价格和质量优势。此外,尽管目前超市蔬菜价格仍高于传统市场,但超市通过社区超市和折扣店等形式,使得传统市场在生鲜食品销售上的优势也逐渐消失。不过,批发市场在一些国家仍然有生存空间,Hernández(2009)通过对危地马拉参加"农超对接"的番茄种植户进行分析，发现参加"农超对接"的农户具有更专业的技术和更高的销售收入，但由于生产成本同步增加，他们与传统供应链中的农户净收入基本相同。农户倾向于保留超市和批发市场两种销售渠道，从而降低他们销售不同等级农产品的风险。对应地，超市也倾向于从批发市场进货，从而获得稳定且廉价的产品。

对于选择参加"农超对接"的农户而言，关键是提升生产和管理技能以满足超市采购的要求。Weatherspoon 等（2003）、Neven（2004）、Reardon 等（2005）的前期研究已形成以下共识：第一，一些小农户因为生产规模、技术、管理的不足，而被排除在超市的采购系统之外；第二，农业协会和合作组织作为超市和农户之间的衔接非常必要，但目前的农业协会和合作组织较少，在质量管理、超市标准的采纳、资金注入等方面的作用也不明显。不过，Swinnen（2004）、Dries 等（2005）的研究显示，超市会通过农业协会等对小农户进行监管，以提升农户的生产技术和管理水平。

有效的利益分配和监督机制是超市与农户之间建立稳定合作的关键因素。Morgan 等（2007）利用英国73个超市的管理数据，通过委托—代理理论、交易成本理论和网络理论，实证分析了生产者机会主义行为的危害，认为超市只是监管而不是严格的惩罚手段，加大了生产者的投机倾向。Ruben 等（2007）从交易成本视角，对泰国和中国的超市案例进行研究，指出超市需要更多关于农产品质量和生产者声誉的信息，并认为规模经济和双边信任是建立长效合作的关键。

对于"农超对接"模式的考察，还必须考虑不同国家的农业差异。Wang 等（2009）通过对中国北部农村的调查，发现由于土地规模偏小和缺乏合作组织，导致小农户与超市之间的交易成本过高，所以种植园艺作物的小农户并没有被纳入超市供应链之中，他们的收入相比没有种植园艺作物的农户也没有显著提高。此外，由于进入门槛较低，园艺作物的收购商很少有超额利润，也没有积极性去监管食品质量和安全。Pritchard（2010）分析了"农超对接"对印度农村公社的影响，发现超市与农户之间存在许多不稳定因素，包括较低的垂直协作水平、缺乏正式合同、只关注产品表面质量而非严格检测等。此外，超市仍然会从其他渠道采购农产品，农户也未将超市作为唯一的供货渠道，更多农户是将产品卖给中间商而非超市。

国内学者也对"农超对接"模式做了诸多有益探索。例如，周洁红和金少胜（2004）较早分析了农贸市场超市化改造，认为生鲜超市的出现将对中国农产品流通、农业生产规模、农民素质和农民就业产生深远影响。杨金风和史江涛（2005）分析了超市与农户连接的多种方式，认为农产品流通超市化进程能够增加农户收入、提升农户的生产技术水平、提高农户对标准的采纳、减少农户的市场风险并缓解农户的资金约束。胡定寰（2005）认为超市的迅速发展为中国生产安全优质农产品创造了有利的客观条件。由于社会和政府部门对超市供应链的管理和监督成本远低于对传统的农贸市场和批发市场的管理和监督成本，因此可以通过引导小农户进入超市供应链，来加快普及安全优质农产品的步伐。胡定寰等（2006）利用山东省莱西市和栖霞市苹果种植户的调查数据进行的定量分析结果表明，超市的苹果供应商为了确保产品达到超市提出的品质要求和安全性标准，在对农户提供技术支持和生产资料的同时，以高于市场价格收购合格产品，从而有利于提高农户的亩均苹果纯收入。胡定寰等（2006）进一步指出，要解决中国面临不断增长的对安全优质农产品的需求与大量分散的且无组织的小规模家庭生产的矛盾，需要采用"超市+农产品加工企业+农户"或"超市+合作社+农户"的新型农业产业化模式，通过整个农产品供应链管理来确保农产品的质量安全。董晓霞等（2006）认为，超市的发展加快了中国农业现代化进程，使农业部门采用先进的生产模式和技术，实施生态农业并节约资源，在增加农产品产量和提高农产品质量的同时，生产越来越多的安全优质农产品，最终实现提高农业生产者的经济效益和社会总体效益的双重目标。

随着"农超对接"在中国的迅速崛起，近年来国内学者对其的研究也不断深化。姜增伟（2009）在《求是》上撰文指出，"农超对接"的实质是农产品供应链条的优化，超市利用自身管理和市场信息方面的优势，为农业生产提供一系列的服务，有效地发挥了流通带动生产的作用。该文进一步指出，"农户+合作社+超市"模式是被各地实践证明的行之有效的"农超对接"模式。胡定寰（2010）指出，组织起来的农民、农产品具有竞争优势、生产过程有监管能力、拥有现代化商业意识、农产品初级加工能力、农产品配送能力、盈利返还农民是实现"农超对接"的七个必备条件。刘晓峰（2011）则利用湖北省"农超对接"的调查数据，实证分析"农超对接"模式下农户的参与意愿，发现包括投资成本、谈判成本、信息成本和执行成本在内的交易成本，对农户参与"农超对接"模式的意愿有较大影响。李莹和杨伟民等（2011）基于197个合作社的调查进行实证分析，发现影响合作社参与"农超对接"的因素包括合作社的运营时间、注册资本、物流配送、包装分级、供货规模、对接意愿等。另外，相对于生产畜产养殖类产品的合作社，生产作物种植类产品的合作社实现"农超对接"的机会和程度更大。杨志宏和翟印礼（2011）对蔬菜从产地批发市场到超市各个主要流通环节所产生的费用进行分析，总结了制约超市农产品流通渠道发展的因素，包括农产品特性、技术支持缺位、信息不完备与竞争加剧、中间商组织程度低等。

熊会兵和肖文韬（2011）对"农超对接"实现条件与实施模式进行了分析，认为有效实施"农超对接"要发挥超市、合作社和政府三方面的作用，因地制宜地采取"一体化对接""市场化对接"或"联盟化对接"等模式，并在对接过程中处理好产品、品牌、供应商、物流和政策等关键问题。安玉发（2011）指出，"农超对接"的成功实施必须依赖农民专业合作社和农业协会。其中，农业专业合作社由于其与农户联系紧密以及规范化的生产流程，可能成为未来"农超对接"模式发展的重点。李莹和陶元磊等（2011）运用制度经济学相关理论进行分析，认为"农超对接"作为一种新型的农产品流通模式，显著降低了农产品的交易成本，符合当今农产品新型交易的特征，并在现有制度需求和制度供给的相互作用下得以成功实施。安玉发（2011）进一步认为，尽管"农超对接"模式有其优越性，并且作为新兴渠道，在鲜活农产品流通中的市场份额正在逐步扩大，但其他一些新型产销对接模式，如"农餐对接""农社对接""产销联盟"等也各具特点，同样值得大力提倡和推广。温琦（2012）对供销合作社系统的"农超对接"模式进行了比较和分析,认为生产规模大、资金实力强的合作社可以采用合作社与超市直接对接的方式;生产规模小、物流水平低的合作社可以采取通过中介组织的对接方式。胡定寰和杨伟民(2012)认为,在引入"农超对接"模式过程中,需要借鉴荷兰模式,重视农业科研技术研发和市场的交互作用,使农业科技创新更符合市场需求,从而通过市场化带动"农超对接"的进一步发展。

不过,苑鹏(2011)指出了"农超对接"的一些"瓶颈"。主要是超市的进入门槛高,合作社缺乏话语权等。超市决定了交易的游戏规则,并且大多数超市是"零风险"经营,而合作社承受着高额的经营成本,如高场地租金、高比例销售额返点、长回款周期的高风险等。商乐(2011)通过调查发现,目前"农超对接"存在的主要问题是农业生产组织化程度低、农民缺乏议价权、流通成本高、信息不对称、"最后一公里"租金过高等。因此,应从"上游"发展农民专业合作社、"中游"推广实施"农超对接"模式、"下游"建立公益性市场等方式解决"菜贱伤农、菜贵伤民"的两难悖论。郎咸平(2011)进一步指出,"最后一公里"广义的租金(包括各种名目的入场费、摊位费、清洁费、市场管理费等)是菜价居高不下的根本原因。毛文坤和杨子刚(2012)认为,"农超对接"中,超市与合作社的地位不对等,将导致农产品供应链的纵向一体化趋势。因此,政府需要加大对合作社的扶持力度、加大对农户的培训力度,以让"农超对接"模式更好地开展。国务院发展研究中心"完善农产品流通体系"课题组(2012)认为,与传统供应链中的流通方式相比,"农超对接"在蔬菜销售中体现出了一定的特点和优势。但"农超对接"的进一步发展,需要解决生产组织化程度低、超市动力不足等问题。未来对"农超对接"模式的政策支持,需要从生产转向生产与流通并重,形成"抓两头、促中间"的政策格局。

二 农工商综合经营

本小节将以农工商综合经营的重要载体——合作社为例,从合作社对农户的影响、合作社对农户经营行为的监管以及合作社盈余分配的视角，分析农工商综合经营。

Staatz（1984）和 Sexton（1986）较早分析了合作社产生的原因，包括可以获得规模经济、降低交易成本、减少中间环节等。Berdegué（2001）利用智利的合作社数据指出，智利许多 20 世纪 90 年代建立的合作社，由于无法处理与现代销售渠道对接的问题，最终以合作社解散而告终。Bakshi 等（2006）基于印度的案例发现，小农户通过加入营销合作社的方式，可以很好地减少市场交易成本。周立群和曹利群（2001）指出，始于 20 世纪 70 年代末和 80 年代初的家庭联产承包责任制改革尽管提高了农业生产效率，但也使"小农户"与"大市场"之间的矛盾日益突出。因此，亟须对农业经营方式进行制度和模式创新。石敏俊和金少胜（2004）、郭红东（2005）的研究表明，销售困难是农户加入农民专业合作社的重要原因之一。不过，张晓山（2004）指出，由于农民专业合作社主要是与种植面积达到一定规模的农户的联合，因此有些小农户被排除在合作社之外。徐旭初和黄胜忠（2008）发现，与其他省份相比，浙江较快完成了农民专业合作组织形式的选择，农民组织从专业协会迅速转向更加符合时代发展要求的农民专业合作社的形式，并且趋于稳定。潘劲（2011）通过对合作社发展数据背后所隐含问题的解析，认为不应放大合作社对农户的实际带动能力，只有采取激励与监管并重的方式，才能取得合作社发展政策的正效应。该文同时认为，合作社未来的发展方向，取决于政府导向和合作社相关主体之间的利益博弈。

Malo 和 Vezina（1983）认为，由于合作社社员缺乏明确的分工，以及合作社的监管能力不足，导致合作社内部的委托—代理问题比其他合作组织的问题更为突出。Staatz（1987）认为合作社不允许采用股权激励和股权认购的方式酬劳管理者，是委托—代理问题产生的根源。Porter（1987）和 Cook（1995）指出了合作社存在的一些不足，包括较低的效率、产权和代理问题等。此外，Sexton（1990）和 Zus-man（1992）分析了合作社的不同运作方式。王军（2011）指出，严重的委托—代理问题已经制约了农民专业合作社的健康发展，而解决这一问题的关键是在合作社的框架下不断完善激励机制和约束机制，因此，该文从经营者的监督、划片经营、事后惩罚和差别定价等方面指出合作社中委托—代理问题的控制方法。

Vitaliano（1983）认为合作社的剩余索取权不能在市场上交易，使得资本市场的信号不能传递到合作社，导致委托—代理问题的产生。Royer（1999）的分析表明，合作社内部缺乏股份交易市场和股权激励机制。郑丹（2011）基于问卷调查数据，对农民专业合作社的盈余分配情况进行了分析，结果表明中国的农民专业合作社的盈余分配普遍存在盈余界定模糊、资本报酬过度、普通成员对盈余分配程序缺乏了解等问题。

三 农业产业化

本小节将从农业产业化对农户的影响，特别是对农户收入和农户行为影响的视角，分析农业产业化进程。

Stephenson（1997）发现随着经济全球化和贸易自由化的进程，农产品特别是肉禽、水果和蔬菜的国际贸易迅速扩大，这些农产品的食品安全和动植物检验检疫标准也不断增加。Hobbs等（1998）分析了丹麦的猪肉供应链中各环节的质量安全管理方式，认为养殖、屠宰和销售各环节的协调，对于保障高质量猪肉的供给和促进猪肉的出口，具有非常重要的作用。Milicevic等（1998）基于智利土豆的案例发现，大规模土豆种植户较之小规模种植户，往往有更多的市场销售渠道（如土豆出口）可供选择。Reardon等（1999）发现与传统的农产品销售渠道相比，现代销售渠道中农业生产技术和加工技术标准纷纷提高，为了满足这些标准，供应商会对农业生产和加工技术进行革新，而一些小农户则由于技术门槛，被排除在现代销售渠道之外。Hueth等（1999）发现，超市一旦与供应商建立连接，就会对供应商予以投入要素和技术指导的扶持，以让供应商能够提升农产品的质量。

Reardon和Barrett（2000）将农业产业化概括为三个方面：第一，农业产业化活动一般是由农业企业推动的；第二，在农业企业与农户的合作过程中，纵向协调程度不断提高；第三，伴随着农业产业化的进程，农业生产技术和市场结构发生了显著变化。Hobbs和Young

（2001，2002）通过对北美农产品供应链进行调查发现，供应链中的现货交易越来越少，而购销合约、战略联盟、纵向一体化等方式得到越来越多的使用。Cadilhon 等（2003）发现，一旦城市消费者将蔬菜质量、新鲜度和安全性作为挑选的重要标准，超市就开始寻找一些可以满足上述要求的蔬菜生产者。Humphrey（2005）通过对欧洲农产品供应链进行分析发现，大型超市等零售商最终成为农产品供应链的主导者，并通过其销售渠道，驱动农户和加工商的行为发生变化。Farina 等（2005）也发现，20 世纪 90 年代以后跨国大型企业的进入，导致巴西和阿根廷奶制品加工企业的质量和成本压力急剧增大，奶制品加工企业纷纷提高质量标准，并由原来从小农户处的采购转变为从中大规模农户那里的采购。Fulponi（2006）指出，这些私用的质量安全标准，被强加于发展中国家的供应商身上，也间接导致了发展中国家农业标准的提高。

Maertens（2009）以塞内加尔农产品供应链为例，认为出口供应链的存在对于增加农户收入和减少贫困具有非常显著的作用，这主要得益于高质量标准的农产品出口贸易。Bignebat（2009）基于土耳其的调查数据，发现由于超市对农产品有特殊要求并愿意为此支付更高的价格，与超市对接的农户已经开始采取一些增加农产品附加值的措施。Schipmann（2010）对泰国甜椒种植户的调查表明，现代农产品供应链的存在对于增加农户收入具有非常显著的作用。与此同时，一些年龄较小、文化程度较高的农户更愿意加入现代农产品供应链。

中国学者结合中国农村改革的大背景，对农业产业化进程进行了深入分析。黄祖辉等（2005）发现，由于产品特性、技术支持、营销与竞争、组织成熟度和公共政策等因素，中国农产品供应链尚未形成有效的价值增值和利益分配机制。孙世民等（2009）从合作发起、合作动机、合作内容等方面分析了养猪者、加工企业和超市三者间的竞争与合作关系，认为农产品供应链管理中强调既合作又竞争的竞合"双赢"思想，是解决猪肉质量安全问题的有效途径。蔡荣（2011a）利用山东省苹果种植户的调查数据进行了实证分析，发现与市场交易模式相比,"农户+合作社"模式将使苹果种植户的市场交易费用降低约48元/亩,纯收入增加约321元/亩。

邓衡山等(2011)利用2003年和2009年的农村跟踪调查数据,分析发现追求组织化的潜在利润是农业生产经营中农户进行制度创新的动力。赵晓飞(2012)针对中国传统农产品供应链中存在的弊端,提出以信息化为基础、以渠道体系为核心、以组织体系为支撑、以服务体系和安全体系为保障的现代农产品供应链体系的建设构想。耿献辉和周应恒(2012a)基于2011年河北、湖北两地梨农调查数据的实证分析发现,由于农产品现代销售渠道的种植规模和资本门槛,一些小规模的农户被排除在现代销售渠道之外。但小规模农户可以通过加入农民专业合作社等方式,提升自己进入现代销售渠道的可能性。耿献辉和周应恒(2012b)进一步利用对梨农的调查数据,分析了现代销售渠道对梨农收益的影响。发现在控制了样本选择性偏误以及消除异方差影响后,回归结果显示现代销售渠道对于梨果的单位售价将产生负面影响,该文认为与传统销售渠道相比,现代销售渠道利用市场竞争优势压低了采购价格。不过,该文中将超市、加工企业、出口企业、冷库等全部归入现代销售渠道,未具体分析超市渠道对梨农收益的影响。

四 订单农业

本小节将从订单农业的实施机制以及订单农业对参与农户影响的视角,对订单农业的相关文献进行梳理。

Austin(1981)指出,一些食品加工商会与小农户签订合约,并对小农户提供生产资料和技术供给,使小农户能够克服信用较低、生产要素不足、产品加工能力缺乏等困难,以让小农户更好地适应与大规模农户的竞争。Binswanger和Rosenzweig(1984)指出,订单主要适用于那些收获和加工环节之间需要紧密协作的农产品品种。Williams和Karen(1985)认为,资产专用性对农户的履约行为有重大影响,专用性资产投入越多的农户,其履约率越高。Goldsmith(1985)、Key和Runsten(1999)、Masakure和Henson(2005)发现,订单农业不仅使农户获得信贷、技术、生产要素支持,还能显著降低农产品销售的市场风险，有效增加农户收入。

Minot（1986）指出，尽管农业合约中苛刻的标准使合约农户的市场风险增大，但大多数农业合约确实增加了合约农户的收入。Minot（1986）、Jaffee 和 Morton（1994）指出，农业合约很少针对基本的农产品，而主要是针对一些肉禽、奶制品、园艺作物和加工农产品，即那些高收入消费者愿意为产品质量和安全性支付溢价的农产品。von Braun 等（1989）发现，危地马拉的蔬菜出口商更倾向于从小农户那里采购，因为小农户更适合从事劳动密集型农产品的生产活动，也更愿意进行精耕细作。Carney 和 Watts（1990）认为，由于订单农业会诱致农户投资于一些专用性资产，导致农户对订单农业产生依赖，进而失去与收购商的议价能力，最终造成农户的利益受损。Carter 和 Mesbah（1993）发现，智利的水果加工商和出口商从小农户处采购水果的比例，仅占 10%—15%，其余全部水果是从大农户处采购。加工商和出口商对规模不同农户的双重标准，导致小农户被排除在现代销售渠道之外。Grosh（1994）认为，农业合约是一种制度选择，可以用来解决因信用、风险、信息导致的市场失灵的问题。

Little 和 Watts（1994）通过对非洲 7 个国家农业合约的案例进行分析，发现合同农业将使其参与者的收入少则增加 30%—40%，多则增加 50%—60%。不过，该文发现由于企业和合约农户的地位不平等，两者之间的利益分配明显不均，农户的一部分收益被企业剥夺。Kliebenstein 等（1995）分析了美国生猪饲养者的生产合同，认为合同有效地规范了生猪饲养者的安全生产行为，降低了其生猪销售的市场风险，并最终促使生猪饲养者的收入增加。Schejtman（1996）和 Dirven（1996）认为，订单农业在增加农村就业、推动农村基础设施建设、稳定粮食价格、降低政府在公共项目支出等方面具有明显的促进作用。Runsten 和 Key（1996）发现，墨西哥一些跨国番茄采购商会从原来与大规模番茄种植户签订合同，转向与小规模种植户签订合同。因为在与大规模种植户合作过程中，会面临小数现象产生的一些要挟问题。Porter 和 Howard（1997）认为，农户参与合同农业一般会有一个较好的收益，尽管参与过程中也会产生一些利益分配问题。

Tregurtha 和 Vink（1999）认为，订单农业的履约率取决于合同双方的信任程度，在订单农业中，合同双方的信任有时候比法律制度更能确保合同的履行。

Warning 和 Soo Hoo（2000）的研究表明，尽管小农户更愿意参与订单农业，然而现实中，收购商往往选择与较大规模的农户签订合同。Eaton 和 Shepherd（2001）认为，订单农业成功的关键在于政府对其的支持。政府的扶持政策能显著降低订单农业项目的运营成本，进而提高订单农业项目的收益。Boger（2001）以波兰的生猪养殖行业为例，指出收购商为了改善猪肉的质量，决定与生产者签订购销合同，要求生产者按照要求进行生猪养殖。Singh（2002）指出合同农业中的利益问题包括农户与企业的地位不对等，以及企业所规定的一些霸王条约。农业合约将使得加工企业获得廉价的农业劳动力，并将农业风险转移给农户。不过，该文也指出大多数合同农户的收入是增加的，他们也满足于现有合同的安排。Warning 和 Key（2002）发现塞内加尔的花生合同户获得的收益，比未加入合同的农户高出 55%。Mattew 和 Nigel（2002）对塞内加尔的花生种植户的分析表明，订单农业对于增加农户收入的效果十分明显。Zylbersztajn 和 Nadalini（2003）基于巴西订单农业的案例发现，农户的履约率与其种植规模呈正相关关系，种植规模越大的农户，往往履约率更高。Nigel 和 William（2003）通过对美国生猪产业进行分析发现，参与订单农业的生猪养殖户的产量是未参与订单农业养殖户产量的 3 倍，在控制农户个体特征、地域特征等因素后，仍发现订单农业与生产率呈正相关关系，即参与订单农业的生猪养殖户的生产率明显高于非订单农户。Simmons 等（2005）分析了印度尼西亚农业中的家禽、玉米、水稻的生产合同，发现家禽和玉米合同农户的收入会增加，但水稻合同农户的收入没有显著的变化。

Guo 等（2005）基于中国订单农业的调查数据发现，小规模农户参与订单农业的可能性，要比大规模农户的可能性低。Birthal 等（2005）发现，印度奶制品合同户的收益是未签订合同的独立奶农的两倍，原因是合同带来较低的生产费用和市场交易费用。Maertens

（2006）指出塞内加尔的订单农业中，绿豆出口商的签约对象从小农户转到大农户。Minten（2009）分析了跨国大型零售企业对马达加斯加小农户的影响，认为跨国大型零售企业的进入使小农户获得了更高的福利和更稳定的收入，不过小农户在加入订单农业过程中，仍然面临较差的交通设施、较低的人力资本以及签订合同的交易费用三个约束。

五　小结

以上成果对于本书研究都具有重要参考价值。尽管如此，笔者认为，"农超对接"中的"农户＋合作社＋超市"模式仍有一些重要问题值得进一步探讨：第一，尽管大多数文献都对"农户＋合作社＋超市"这种合作模式持肯定态度，但较少开展详尽的定量研究，剖析其对农产品质量和相关成本的影响；第二，与其他销售渠道相比，"农户＋合作社＋超市"模式对农户的农产品种植的亩均净收入影响如何？目前这方面的实证研究成果较少；第三，"农户＋合作社＋超市"模式是否能保障相关行为主体的利益？这一问题仍值得进一步探讨。鉴于此，本书借助分工与合作理论、竞争优势理论、产权与制度理论等，利用对西兰花种植户的问卷调查数据以及对合作社和超市的访谈材料，实证分析"农户＋合作社＋超市"模式的合作绩效与剩余分配。

第七节　理论回顾

本节对后文所用到的分工与合作理论、竞争优势理论、产权与制度理论进行回顾。

一　分工与合作理论

斯密（1776）认为，分工是财富增长的重要源泉。其中，分工之所以能产生同等数量的人完成的工作量要比过去多得多的结果，有三个原因：第一，工人的技能因专业分工而愈加灵巧；第二，分工节省了由一项工作转向另一项工作所要损失的时间；第三，大量简化和缩减劳动的机械的发明,使一个人能够做许多人的工作。因此,一个企业之所以会产生,主要是由于单个的私产所有者为了更好地利用他们的比较优势,必须进行分工合作,由于分工生产的总产品要大于他们分别进行生产所得出的产出之和,因此每个参与分工合作生产的人的报酬也比分开生产时要高(速水佑次郎、神门善久,2009)。

分工与合作有着紧密的关系。分工是指许多人在同一时间内从事互不相同但是有联系的劳动,而合作还包括许多人在同一时间内从事相同的劳动,或者持有相同生产要素的人将他们的生产要素组合在一起进行生产活动。由此可见,分工属于合作的一种(黄少安,2011)。

与分工一样,合作同样可以提高绩效。在现代市场经济中的一切合作(包括交换、交易和合作生意——后者又包括雇佣关系)所得都可以被视为某种合作剩余。对于任何一个合作主体来说,合作剩余必须为正,否则就不会参与合作。

黄少安等(2011)进一步指出,合作剩余主要来自两个方面:第一,合作扩大了生产可能性边界。比如,合作可以实现不合作情况下单个主体所无法从事的生产活动;合作本身可以创造一种由单个合作主体或者其简单累加不能达到的力量;合作使合作主体将其生产活动集中于较少的操作上,能够提高生产熟练程度,进而提高生产效率等。第二,合作可以使实际产出更接近生产可能性边界。比如合作可以使生产要素用于生产领域,减少资源的浪费;另外,合作还可以提高生产中资源的使用效率等。

二 竞争优势理论

波特(1980)提出著名的竞争优势理论。他指出从国内市场到国际市场,任何产业竞争都包含以下 5 种竞争因素:①新加入者的威胁;②替代产品或替代服务的威胁;③上游供应商的谈判力量;④下游客户的谈判力量;⑤与现有竞争对手竞争。

波特(1990)进一步认为,竞争优势是由最根本的创新、改善和改变而来的。在战略上,"创新"不仅是指新技术,而且也指新方法或新态度。创新可以只是一个新的产品设计、一个新的流程、一套新的营销战略、新的组织或教育培训,凡是价值链中的活动,都可能有所创新。

竞争优势与整个价值体系密不可分。波特（1990）认为可将与企业相关的竞争活动归纳成几种类型，称之为"价值链"。价值链中的活动都有利于企业强化客户价值。它们可以大致分为基本活动（包括生产、营销、运输和售后服务等）以及支持活动（包括物料供应、技术、人力资源或支持其他生产管理活动的基础功能）。价值体系包括：①供应商的价值链；②企业的价值链；③营销渠道的价值链；④客户的价值链。

竞争优势的延续需要不断发展。如果优势是从最简单的生产成本因素而来，因为生产流程的专属技术有限，一成不变的设计理念也容易被模仿，竞争优势的持续力也必然比较低。反过来说，竞争优势如果来自某些高级生产要素，像经年累月发展的营销渠道、独特技术、苦心培养的品牌形象等，这类竞争优势的持久力比较高。生产成本等初级优势不仅难以持久，所适用的产业环节往往也是以价格为主的竞争，这是新进入者最容易锁定攻击的部分。因此，企业要具有持续的竞争优势，就需要拥有高级人力资源和内化的技术能力。这包括持续投资专业化技能、资产和不断地进行变革。基于这些理由，当企业选择差异化战略时，就必须依靠更高质量的产品、更先进的产品造型、更佳的服务、领导产品的流行创新趋势等。这些条件都比单是拼价格更有力，也更能获得持续的竞争优势（波特，1990）。

三　产权与制度理论

一般认为，Knight（1924）是第一个明确地指出产权的经济作用的人。他在其对道路利用所做的分析中，清楚地表明了所有权的作用。Gordon（1954）按照类似的思路分析了国际水域中捕鱼的共同财产问题。不过，Knight和Gordon都忽略了产权可以部分界定中介状态的可能性。他们的分析中假定产权要么存在并得到明确界定，要么就是完全不存在。

Coase（1960）和张五常（1969）把产权起作用的因素引入分析。Coase的文章《社会成本问题》的重要性，就在于它在揭示传统教条的错误时，提出了产权的界定和产权的安排在经济交易中的重要性。

Coase 定理的不同版本是不同的，张五常（2001）认为 Coase 定理的正确版本是："市场交换的先决条件是界定明晰的产权"。

产权是由法律、规制、习惯或等级地位来确定的。Alchain 和 Demsetz（1973）认为，产权是由社会强制执行的对资源的多种用途进行选择的权利。它是一个社会所实施的选择一种经济品的使用的权利。值得注意的是，从经济学角度来分析产权，它不是指一般的物质实体，而是指由人们对物的使用所引起的相互认可的行为关系。它用来界定人们在经济活动中如何受益、如何受损，以及他们之间如何进行补偿的规则。

一个产权的基本内容包括行动团体对资源的使用权与转让权，以及收入的享用权（张五常，1969）。一种物品或资产当且仅当具有与所有权有关的三组不同的权利时，才能被定义为私有财产。第一，该物品的专有使用权（或决定如何使用的专有权），可被看成是排斥其他个人使用的权利，从而保证自己的财产不沦为共同财产。第二，获得使用该物品产生的收入的专有权，它可以使所有者从交换中得到收入。第三，完全的转让权或自由"过渡"权，拥有这种权利也就有权签订合约及选择合约的形式。它的权能是否完整，主要可以从所有者对它具有的排他性和可转让性来衡量，如果权利所有者对他所拥有的权利有排他的使用权、收入的独享权和自由的转让权，就称他所拥有的产权是完整的。如果这些方面的权能部分受到限制或禁止，就称为产权的残缺。

巴泽尔（1997）认为：一切人类社会的一切社会制度，都可以被放置在产权（或"权利"）分析的框架里加以分析。产权的界定是一个演进过程。随着新的信息的获得，资产的各种潜在有用性被技能各异的人们发现，并且通过交换他们关于这些有用性的权利而实现其有用性的最大价值。每一次交换都改变着产权的界定。同时，只有一种所有制形式确实能够使来自资产的净收入（从而它对于初始所有者的价值）实现最大化。决定所有权最优配置的总原则是：对资产平均收入影响更大的一方，得到剩余的份额也应该更大。也就是说，剩余索取权（Residual Claim）必须符合激励相容（Incentive Compatibility）

的指导原则。因此，资产所产生的净收入取决于关于资产的权利的事前界定。

产权概念与交易成本概念密切相关。张五常（2001）认为交易成本是一个人的世界中不可能想象，但在两人以上的交易中则会存在的成本。它不仅包括形成和执行合约的成本（如搜寻市场交易信息的成本），还包括界定和监察专有权利的成本（如颁布法律这类制度安排的成本）。张五常进一步指出，一种商品的交易存在事前的监督费用和事后的交易费用两类交易成本。两种交易成本的冲突与在产品市场上的类似冲突非常相似。要减少事后的交易费用，就必须增加事前的监督费用。而要减少事前的交易费用，则必须明确界定产权。因此，事前把产权界定清楚，是降低事后交易费用的前提。如果因为事前界定产权的费用过高而放弃使其明确界定的努力，则会带来较高的事后交易费用。

巴泽尔（1997）将交易成本的概念限定为"权利的获取、保护与转让的成本"。如此定义交易成本，是因为关于资产的各种有用性和潜在有用性的信息是有成本的。由于这些信息成本，任何一项权利都不是完全界定了的。没有界定的权利把一部分有价值的资源留在了"公共领域"里。公共领域里全部资源的价值叫作"租"。面对变化多端的情况，获得全面信息的困难有多大，界定产权的困难也就有多大。因为全面测量各种商品的成本很高，所以每一桩交换中都存在攫取财富的潜在机会（巴泽尔，1997）。

攫取财富的机会等价于在公共领域中寻找财产。Tullock（1967）和 Krueger（1974）最先提出"寻租"理论，Williamson（1975）和 Benjamin 等（1978）首先提出了攫取准租的观念。不难发现管理者和工人都有相互隐瞒、推卸责任的问题和努力寻求制度租金的激励。确实，这种趋势不仅适用于国有企业，也适用于半公共组织（如农业合作组织）。周雪光（2003）对"寻租"问题的解决方案进行了精辟的归纳：①当不存在有限理性问题时，计划设计是有效的；②当不存在投机行为问题时，承诺是有效的；③当不存在资产专用性问题时，市场竞争是有效的；④然而，当有限理性、投机行为、资产专用性三个问题都存在时，只能通过制度构建的方式来解决"寻租"问题。

产权的功能极其重要，但它毕竟只是其中的一个。因此，有必要在一个比产权更广的制度内涵中来考虑这些问题。制度学派论文的一个基本思想是：制度是内生的，它对经济增长的影响重大。

关于制度，最简洁和最有力的说法是，制度至关重要（诺斯，1990）。用张五常（2001）的话说就是，制度帮助确定资源、价格和决策者受到的其他约束，从而影响选择。T. W. 舒尔茨（1968）将制度定义为管束人们行为的一系列规则。这一定义为以后研究制度的学者所接受。他将制度所提供的服务进行了富有经验意义的归纳：①用于降低交易费用的制度（如货币、期货市场）；②用于影响生产要素所有者之间配置风险的制度（如合约、分成制、合作社、公司、保险、公共社会安全计划等）；③用于提供职能组织与个人收入流之间的联系的制度（如产权、资历等）；④用于确立公共品和服务的生产与分配框架的制度（如高速公路、飞机场、学校、农业实验站）等。

林毅夫（1990）认为，制度能提供有用的服务，制度选择及制度变迁可以用"需求—供给"这一经典的理论架构来进行分析。人之所以需要制度，是因为一个理性人能力的有限性、他在作决策时要支付信息费用以及每个人生活环境和生产中的不确定性。因此，人一方面需要用制度来确保其生命期的安全；另一方面又需要它来促进自己与其他人的合作，将外部效应内在化。

第三章 "农户＋合作社＋超市"模式的合作绩效与创新机制分析

为了分析"农户＋合作社＋超市"模式中不同主体之间的合作绩效，以及该模式中的创新机制，本章首先从农产品竞争优势的视角，通过构建农产品市场价值影响因素的分析框架，分析"农户＋合作社＋超市"模式中的农产品溢价。其次，从农产品供应链中模式创新的视角，分析"农户＋合作社＋超市"模式中的产品品质创新、生产方法创新、产业组织创新和销售市场创新。

第一节 数据来源及样本描述

本书以蔬菜为例，通过山东、海南、浙江三省的农户问卷调查，以及合作社和超市的访谈资料，实证分析"农超对接"进程中农产品供应链的合作绩效以及合作剩余分配机制。

由于不同蔬菜品种在成本、销售价格等方面不具有可比性，本书选取西兰花为具体的研究对象。选取西兰花（又称花椰菜、菜花）作为研究对象的原因是，西兰花在中国东部地区已被大面积种植，特别是在山东、江苏、上海、浙江、福建、广东、海南等地。此外，西兰花作为一种高经济价值和营养价值的园艺作物，不仅得到中国各地生产者和消费者的认可，也被引入很多的超市蔬菜专柜中，具有一定的代表性。

邓衡山等（2011）把主要农作物分成以下三类：第一类是粮食作物，包括水稻、小麦、玉米、薯类、土豆等。这些产品的共同特点是属于典型的耕地密集型产品：种植规模大、产品同质性强、市场需求弹性小。第二类是一般经济作物，包括棉花、大豆、花生、油菜籽、甜菜等。这些产品虽然是经济作物，在分类上有别于粮食作物，但总体上也是比较典型的耕地密集型产品：种植规模较大、产品差异不大、市场需求弹性也不大。第三类是水果蔬菜及特色农作物，包括水果、蔬菜、茶、桑蚕、中药材等。这些产品都属于典型的劳动密集型产品：产品品质和功能差异很大，市场需求弹性和发展空间大。

根据以上分类标准可以看出，西兰花属于第三类，即劳动密集型特色农产品。本书以西兰花种植户为具体的问卷调查目标，旨在分析"农户＋合作社＋超市"模式对西兰花一类农产品种植户的收入和行为等方面产生的影响。

一 数据来源

本书研究数据来源于在山东、海南和浙江的实地调查。整个调查过程分为两步：第一步，课题组于 2010 年 7 月 12—18 日在浙江省温州市泰顺县和台州市椒江区对农户进行预调查，随机选取了 30 户蔬菜种植户进行入户调查，同时还走访了台州市椒江区鸿绿瓜菜专业合作社、家乐福超市等一些合作社和超市的负责人，在此基础上对调查问卷进行了进一步的修改和完善。第二步，在 2010 年 12 月至 2011 年 7 月，由课题组博士生和硕士生组成的调查团队分 3 次完成调查任务。3 次调查的时间和地点分别为：①2010 年 12 月，在海南省琼海市（县级）和澄迈县展开调查；②2011 年 3—4 月，在浙江省湖州市吴兴区和台州市临海市（县级）展开调查；③2011 年 7 月，在山东省潍坊市寿光市（县级）和青州市（县级）展开调查。选取以上 3 个省份的 6 个地区作为调查区域的原因是：山东省寿光市和青州市是中国著名的蔬菜生产大县，也是进京蔬菜的主要产地；海南省琼海市和澄迈县是中国重要的反季节蔬菜生产基地，为春节和"两会"期间的"南菜北运"提供保障；而浙江省湖州市吴兴区和台州市临海市处于长江中下游地区的平原地带，是长三角地区蔬菜供给的重要来源。

在选定上述调查区域的基础上，调查人员采取按地区分层抽样方式，在 3 个省份调查区域中的西兰花主产区分别选取 10 个村，然后在每个村随机选取 20 余户西兰花种植户进行问卷调查，共收集农户调查问卷 601 份，剔除关键问题回答缺失的问卷，得到有效农户问卷 579 份，有效率为 96.3%。调查采取与被调查农民一对一面谈的方式，调查人员随时解答被调查农民的各种疑惑，并根据他们的回答填写问卷。另外调查过程还发现，户主农户基本上就是西兰花种植户本人。在进行农户问卷调查的同时，调查人员还对山东省寿光市果苑蔬菜专业合作社、青州市京青蔬菜专业合作社、浙江省临海市上盘镇西兰花专业合作社等合作社的负责人进行了访谈，了解这些合作社向沃尔玛、家乐福、麦德龙、苏果、物美、华润万家、乐购（Tesco）等超市供应西兰花的情况。其中，果苑蔬菜专业合作社和京青蔬菜专业合作社作为山东省第一批实施"农超对接"的合作社，目前已实现了社员当日采摘的蔬菜能在 24 小时内送达北京的超市，它们与国内超市的合作走在众多合作社的前列；上盘镇西兰花专业合作社从 1989 年起开始种植西兰花，目前其所生产的西兰花不仅销往上海、杭州等地的超市，还远销至日本、新加坡、马来西亚、加拿大等国家的超市。正式调查之外，笔者利用假期和周末时间，持续一年时间跟踪观察武汉和杭州两地的十余家超市的西兰花销售情况，并与各超市生鲜处蔬菜水果科的负责人进行交流，了解超市的西兰花采购和销售情况。

二　样本农户的基本特征

样本农户的基本特征如表 3 - 1 所示：

基于调查统计结果（见表 3 - 1），可以看出，被调查农民以中壮年的男性为主，其文化程度以初中水平的居多，是党员或村干部的农民所占比例都较少。从样本农户的特征来看，其西兰花种植面积普遍较小，约 50% 农户的西兰花亩均种植面积为 5 亩以下，约一半的样本农户完成西兰花销售所需的运输距离为 5 公里以下，其运输过程的道路等级以县道和乡道为主。调查还发现，农户会选择多种销售渠道销售西兰花，包括农贸市场、专人上门收购、加工企业订单、合作社、批发商渠道等，选择这些销售渠道的样本农户所占比例分别为 19.3%、27.3%、6.4%、39.2%、7.8%。其中，有 352 户农户不通

表 3 – 1　　　　　　　　　　样本农户特征的统计分析结果

类型	选项	人数（人）	比例（%）	类型	选项	人数（人）	比例（%）
性别	男性	472	81.5	西兰花种植面积	2 亩以下	87	15.0
	女性	107	18.5		2—5 亩	200	34.5
年龄	30 岁及以下	63	10.9		6—20 亩	156	27.0
	31—40 岁	121	20.9		21—50 亩	89	15.4
	41—50 岁	178	30.7		50 亩以上	47	8.1
	51—60 岁	142	24.5	完成销售所需的运输距离	2 公里以内	71	12.3
	60 岁以上	75	13.0		2—5 公里	236	40.7
是否为党员	是	133	23.0		6—10 公里	153	26.4
	不是	446	77.0		11—20 公里	118	20.4
是否为村干部	不是	473	81.7		20 公里以上	1	0.2
	曾经是	43	7.4	运输过程的道路等级	国道	31	5.4
	是	63	10.9		省道	124	21.4
文化程度	小学以下	31	5.4		县道	172	29.7
	小学	101	17.4		乡道	248	42.8
	初中	289	49.9		其他	4	0.7
	高中或中专	126	21.8	销售渠道	不通过合作社销售	352	60.8
	大专及以上	32	5.5		合作社未卖给超市	166	28.7
					经合作社卖给超市	61	10.5

过合作社销售西兰花；在通过合作社销售西兰花的农户中，有 166 户农户种植的西兰花没有卖给超市（以下简称"合作社未卖给超市"），有 61 户农户种植的西兰花经合作社卖给超市（以下简称"经合作社卖给超市"）。

第二节　"农户+合作社+超市"模式中不同行为主体之间合作的绩效

一　分析框架

目前，中国的农产品市场近乎为完全竞争市场，市场进入门槛很低，农户数量众多且提供的农产品品质单一，多数农户只是农产品价格的被动接受者，仅获得正常利润。Porter（1980）指出，在竞争市场中，如果生产经营者期望在一定时期内相对于竞争对手保持优势地位并获得稳定的超额利润，必须形成某种竞争优势，即核心竞争力。所谓核心竞争力，是指生产经营者在某一领域（行业或产品）市场竞争中所拥有的独特的、其竞争对手难以获得也无法模仿的能力。

Porter 进一步指出，产品竞争优势的获得取决于成本领先和差异化两大因素。换言之，一种农产品的超额利润来源于该产品的品质创新和成本控制所创造的价值。因此，如果要提高"农户 + 合作社 + 超市"模式中不同行为主体之间的合作绩效，必须在农户、合作社、超市之间建立更完善的分工与协作体系，通过更有效的农产品品质创新和成本控制，提高农产品的质量优势和成本优势，形成一定的垄断市场，进而获得更多销售利润和合作剩余。

值得一提的是，赞成自由竞争、反对垄断的经济学家，几乎从来不反对以竞争的方法去争取垄断。他们反对的垄断只是政府立法阻止竞争或者政府配额管制而产生的垄断（张五常，2001）。

按消费者获得产品信息的途径，Nelson（1970）将产品按其品质属性分为三类：搜寻品、经验品和信用品。其中，搜寻品属性是指消费者在购买之前就可以直接了解到的产品特征；经验品属性是指消费者在购买后才能够了解的产品特征；信用品属性是指消费者在购买后也没有能力了解的产品特征。基于 Porter 的竞争优势理论和 Nelson 对产品品质属性的划分，可以发现，影响农产品市场价值的因素包括：

（1）产品质量。农产品的搜寻品属性（例如产品的外观）、经验品属性（例如产品的鲜嫩程度、汁的多寡等）和信用品属性（例如产品中是否含抗生素和激素、农药残留及其含量等）共同决定了农产品质量。因此，如果要提高农产品的市场价值，就必须通过农户、合作社、超市之间的合作进行技术创新，改进农产品的搜寻品、经验品、信用品属性，从而提高农产品质量。

（2）生产成本。农产品的搜寻品、经验品和信用品属性的实现过程会影响农产品的生产成本，影响其市场价值，进而影响"农户 + 合作社＋超市"模式中不同行为主体之间的合作绩效。

（3）物流成本。农产品的搜寻品属性包括其大小、形状、颜色等质量特征，农产品的经验品属性包括其味道、营养等质量特征。农产品的运输和冷藏保鲜过程，会改变农产品的搜寻品和经验品属性。而若要保证农产品质量，其物流成本就可能上升。因此，要提升农产品的市场价值，就必须在保证农产品质量的前提下，尽可能地控制其物流成本。

（4）质量安全监管成本。农产品的信用品属性受农产品生产和加工过程中卫生条件的影响。对于农产品的信用品属性，消费者之间无法对其品质信息进行交流，所以，通常用来解决信息不对称问题的信誉机制（Grossman，1981）和重复博弈机制（Shapiro，1983）无法发挥作用，由此将使生产者有积极性采取投机行为，导致农产品质量和安全问题发生的风险。鉴于此，超市和合作社必须通过有效的产品安全监管机制，来控制农户在生产过程中的机会主义行为。

（5）信息显示成本。对于农产品的经验品和信用品属性，消费者在购买之前无法直接观察到这两类品质信息，因此，生产者需要通过信息显示机制，发出农产品高质量的信号。发出信号是拥有私有信息的一方采取的主动行动，通过某种方式让对方知道这些私有信息，从而使对方能将优质和劣质产品区分开来，使市场从"混同均衡"转化为"分离均衡"①。

基于上述从市场竞争优势和农产品品质属性两个维度的梳理，可以发现，影响农产品市场价值的因素包括产品质量、生产成本、物流成本、质量安全监管成本和信息显示成本五类（见表3－2）。

表3－2　　　　　　　　农产品市场价值的影响因素

市场竞争优势	影响因素	受影响的农产品品质属性
品质创新	产品质量	搜寻品、经验品、信用品

---

① 混同均衡是指博弈的均衡结果是不同类型的局中人选择相同的策略，分离均衡是指不同类型的局中人选择不同的策略。

市场竞争优势	影响因素	受影响的农产品品质属性
成本控制	生产成本	搜寻品、经验品、信用品
	物流成本	搜寻品、经验品
	质量安全监管成本	信用品
	信息显示成本	经验品、信用品

二　"农户+合作社+超市"模式的合作绩效

调查发现，在"农户+合作社+超市"模式下，农产品供应链中不同行为主体之间的合作对西兰花质量和成本的影响主要表现在以下几个方面。

(一) 产品质量得到提高

在"农户+合作社+超市"模式下，超市通过提供生产资料、技术支持、人力资本等方式，能促成西兰花质量的提高。例如，麦德龙超市通过自身影响与银行协商，为农户提供担保，使农户能获得贷款建立大棚。更多的时候，超市通过合作社间接参与对西兰花生产过程的监控和管理。例如，上盘镇西兰花专业合作社为满足超市采购的招标要求，对农户的西兰花种植过程实行"三定三记录"（定用药品种、定销售点、定用药时间，记录农药购买、记录农药使用、记录农药档案），监督农户使用农药。另外，合作社对不同等级的西兰花以相差两倍的价格收购，也带动了农户生产高质量西兰花的积极性。

对农户的问卷调查结果显示，"农户+合作社+超市"模式将对农户的生产信息记录、生产资料投入、农产品分级、农产品储藏和运输等行为产生积极影响。在被问及"如果超市直接采购您家的西兰花，并将收购价格提高20%，以下活动中您愿意做到的有哪些（可多选）"时，79.6%的样本农户愿意接受超市对种植过程的监督，77.5%的样本农户愿意按照超市的质量标准使用种子、农药、化肥，67.5%的样本农户愿意接受超市对西兰花的抽检和挑选，52.3%的样本农户愿意提高自身对西兰花的储藏和运输能力（见表3-3）。

表3－3   "农超对接"对西兰花质量的影响

如果超市直接采购您家的农产品,并将收购价格提高20%,您愿意(可多选)	人数（人）	比例（%）
接受超市对您种植过程的监督	461	79.6
按照超市的质量标准使用种子、农药、化肥	449	77.5
接受超市对您家农产品的抽检和挑选	391	67.5
提高自己的农产品储藏与运输能力	303	52.3
以上都不愿意	58	10.0

（二）以生产成本的小幅增加带动净收入的大幅增长

西兰花质量的提高也间接带来了生产成本的增加。例如,鸿绿瓜菜专业合作社通过实施可追踪系统来控制西兰花的质量,给西兰花附上条码（包括产品、等级、批次等信息）,为此需要配置电脑、打印机等设备,并需配备有关工作人员,从而导致西兰花的生产成本增加。对农户的调查结果显示,在被问及"您认为提高西兰花质量和技术标准对生产成本有什么影响（单选）"时,22.4%的样本农户认为西兰花质量和技术标准的提高将导致生产成本增加20%以上,49.6%的样本农户认为生产成本会因此提高0—20%,只有23.7%的样本农户认为生产成本基本上没有变化,也有4.3%的样本农户认为生产成本略有下降（见表3－4）。

表3－4   西兰花质量对生产成本的影响

您认为提高西兰花质量和技术标准对生产成本有什么影响（单选）	人数（人）	比例（%）
成本提高20%以上	130	22.4
成本提高0—20%	287	49.6
成本基本没有变化	137	23.7
成本略有下降	25	4.3

当然,虽然随着西兰花质量的显著提高,带来了生产成本的小幅增加,但西兰花销售价格获得大幅度提高,笔者调查发现,在农贸市

场等传统销售渠道中，西兰花售价普遍在 7.00 元/公斤至 12.00 元/公斤之间，而超市销售的高质量西兰花普遍价格较高，最高售价达到 25.80 元/公斤（地点：武汉市洪山区群光超市）。西兰花销售价格提高的同时，也带来了农户收入的大幅增长。以农户的亩均西兰花销售收入扣除亩均生产成本和经营费用后的净收入计算，在"不通过合作社销售""合作社未卖给超市"和"经合作社卖给超市"三种销售渠道下，样本农户的亩均西兰花净收入的平均值分别为 2892.10 元、3408.27 元和 11539.00 元。由此可以看出，在"经合作社卖给超市"这一销售渠道（即"农户 + 合作社 + 超市"模式）下，农户的亩均西兰花净收入得到了显著提高。

（三）合作社与超市之间的物流成本得到显著降低

合作社与超市建立合作关系的最直接目的就是减少中间环节的物流成本。作为西兰花销售价格的重要组成部分，物流成本在"农户 + 合作社 + 超市"模式下得到了显著降低。以上盘镇西兰花专业合作社为例，在合作社与超市开展合作之前，西兰花进入市场所产生的全部费用中，物流成本大约占 65%，若加上冷藏保鲜费用，则这一比例大约还要提高 5 个百分点；而在合作社与超市开展合作之后，燃油费、冷藏保鲜费、人工操作费等物流成本有了大幅降低。与此同时，通过与合作社的合作，超市也能降低物流成本。家乐福超市的负责人认为，从合作社直接采购西兰花的价格较之从传统销售渠道的采购价格降低了 15%—20%。华润万家超市也表示，以前超市采购西兰花需要经过产地批发市场、二级批发商、销地批发市场、农贸市场 4 个环节，现在直接从合作社采购，超市在物流环节的成本至少可以降低 15%—20%。另外，物美超市通过与合作社的直接合作，不仅显著降低了中间环节的物流成本，还省去了多次装车、配货、改包装等环节。据测算，物美超市从合作社采购西兰花的价格，较之从批发市场的采购价格低了 30%—40%。

（四）产品的质量安全监管得到加强

作为分散的农户和超市之间的中介，合作社可以利用自己独特的治理机制，有效降低对农产品进行安全监管的成本。调查发现，样本合作社主要采取以下三种方式对西兰花进行安全监管。

第一种方式是进行层级监管。例如，鸿绿瓜菜专业合作社实行内部质量追溯制度，合作社社员自主报名形成"生产基地"，合作社负责人对合作社基地的土地实施分组管理，按组进行西兰花的产量和质量考核。一个"生产基地"由若干生产小组组成，每个小组由 4 个社员组成。在采摘西兰花时，每个社员再分别带领 10 个小工，在包装西兰花的纸箱上贴上各小组的代码或编号，以实现对西兰花质量安全的可追溯。

第二种方式是实施"连坐制"。例如，上盘镇西兰花专业合作社以地块相近原则划分"作业区"，采取适度规模的连带责任机制，让所有社员相互监督，如果发现某一个社员有违禁行为，则"作业区"内所有社员需承担连带责任。当然，若能确定具体的违规社员，就不存在对其他社员进行集体惩罚的问题。

第三种方式是通过抵押农户的部分资产形成沉淀成本，让合作社与社员之间相互套牢。一些合作社为了监管社员的生产经营行为，会要求社员支付一定的押金，社员若有通过合作社以外的渠道销售西兰花以及不合理用药等违约行为，合作社将会没收押金。此外，有的合作社还采取滞后 10 天支付应付账款的方式进行安全监督，如果发现某个社员销售的西兰花有质量安全问题，则没收该违规社员的西兰花应付账款，对其进行事后惩罚。

（五）通过信息显示机制提升了产品溢价

信息搜寻是消费者对农产品质量不确定性的一种积极反应，其目的是为购买决策提供有效的信息，而让消费者充分获取西兰花的质量信息，则是农户、合作社和超市面临的挑战之一。问卷调查结果显示，尽管大多数样本农户（76.5%）认为"高质量的农产品一定能在市场中获得高价格"，但是，由于信息传递困难，数量上更多的信息未必是更为有效的信息，在有效信息缺失的情况下，市场机制并不能确保农产品"优质优价"。调查中，只有 50.3% 的样本农户肯定"消费者有能力识别农产品的质量"。因此，63.4% 的样本农户认为，"有必要对农产品进行适度包装与宣传"，通过合作社的产品宣传单或超市的市场营销等形式，传递西兰花高质量的信号（见表 3 - 5）。

表 3 - 5 西兰花包装和宣传必要性的调查

调查问题	选项	人数（人）	比例（%）
高质量的农产品一定能在市场中获得高价格	同意	443	76.5
	不同意	136	23.5
消费者有能力识别农产品的质量	同意	291	50.3
	不同意	288	49.7
有必要对农产品进行适度包装与宣传	同意	367	63.4
	不同意	212	36.6

值得注意的是，这种质量信号是一种无法直接观察到的信息，并不是西兰花质量本身。从这个意义上来说，西兰花的质量信号是和其种植环节相分离的，生产者为解决信息不对称问题而发出信号的成本常常存在一定的资源浪费。不过，当消费者无法鉴别西兰花质量时，这种专用性投资是必要的。通过专用性投资形成沉淀成本，有效传达了高质量产品的信号。调查中发现，样本农户的西兰花销售价格最低为 1.50 元/公斤；而选择"经合作社卖给超市"这一销售渠道的样本农户的销售价格明显偏高，最高销售价格达到 5.60 元/公斤。笔者在超市走访调查中还发现，超市有机农产品的价格往往是普通农产品的3—4 倍，但对于占中国人口很大比例的中产阶级群体而言，他们往往更加倾向于选购优质优价的农产品。由此可见，通过农户、合作社和超市之间信息的高效传递和信息显示机制，经超市销售的高质量西兰花在高端农产品市场中更能得到消费者的认可，从而在有效提高西兰花市场价值的同时，也实现了西兰花销售价格的提高。

第三节 "农户 + 合作社 + 超市" 模式中的创新机制

Schumpeter（1912）将利润增加的过程与垄断市场的创新联系到了一起。他认为生产经营者之所以会进行创新，是因为他们既被"胡萝卜"（超额利润）所吸引，又被"大棒"（市场竞争）所驱赶。生产经营者从事创新活动是具有风险的，而利润正是他们在创新活动过程中承担风险所应得的报酬。Schumpeter进一步指出，创新的目标是创造有价值的订单，创新的本质是创造性的破坏，破坏所有阻碍创造有价值订单的枷锁，而创新的途径是创造性的模仿与借鉴，即借力。他认为，有价值的不是传统的完全竞争（或价格竞争），而是通过生产要素的新组合形成的垄断竞争，这种垄断竞争比其他竞争有高得多的效率，犹如"炮轰和徒手攻击的比较"。

通过对问卷调查结果进行描述性统计和方差分析（ANOVA）发现，在农户"不通过合作社销售""合作社未卖给超市""经合作社卖给超市"三种销售渠道之间，农户对于"西兰花生产经营中面临的主要问题"的回答上不尽相同。在"不了解消费者需求和喜好""缺乏生产、加工、冷藏技术""缺乏组织合作与协调""急需资金时被动接受低价格"4个问题上，选择不同销售渠道的农户的答案存在显著性差异，方差分析的F统计值分别为3.838、21.506、114.081、23.924；而在"运输不方便""销售渠道不稳定""不能及时了解市场价格"3个问题上，选择不同销售渠道的农户的答案则不存在显著性差异，方差分析的F统计值分别为0.121、0.525、1.839。调查结果（见表3-6）说明，"农户＋合作社＋超市"模式对农户的生产经营过程带来了以下创新。

表3-6　　　　　　西兰花生产经营中主要问题的调查结果

"您在西兰花生产经营中面临的主要问题"（最多选3项）		不了解消费者需求和喜好	缺乏生产、加工、冷藏技术	缺乏组织合作与协调	急需资金时被动接受低价格	运输不方便	销售渠道不稳定	不能及时了解市场价格
不通过合作社销售	户数（户）	74	128	198	160	60	167	197
	比例（%）	21.0	36.4	56.3	45.5	17.0	47.4	56.0
合作社未卖给超市	户数（户）	24	29	6	55	29	71	78
	比例（%）	14.5	17.5	3.6	33.1	17.5	42.8	47.0

续表

"您在西兰花 生产经营中面临 的主要问题" （最多选3项）		不了解 消费者 需求和 喜好	缺乏生产、 加工、 冷藏技术	缺乏组织 合作与 协调	急需资金 时被动 接受 低价格	运输 不方便	销售 渠道 不稳定	不能及时 了解市场 价格
经合作社 卖给超市	户数（户）	5	2	3	1	9	27	33
	比例（%）	8.2	3.3	4.9	1.6	14.8	44.3	54.1
ANOVA 的 P 值		0.022	0.000	0.000	0.000	0.886	0.592	0.160

一　产品品质创新：调整种植结构以符合市场需求

在产前环节，"农户 + 合作社 + 超市"模式可使农户获得更充分的市场信息。问卷调查显示，在被问及"西兰花生产经营中是否面临'不了解消费者需求和喜好'"问题时，三大销售渠道中持肯定回答的农户比例分别为 21.0%、14.5%、8.2%，选择"经合作社卖给超市"渠道的农户可以掌握更多的消费者需求和喜好信息。

在传统的农产品供应链中，由于农户无法充分掌握农产品的价格信息，同时缺乏对市场需求变化的预测能力，导致生产安排常常落后于市场的变化。而在"农户 + 合作社 + 超市"模式中，农民专业合作社可以充分利用超市的市场渠道等资源，及时和准确地获取市场需求信息，并对农产品的价格趋势做出比较准确的判断，帮助农户在产前环节合理地调整种植结构，从而降低农户的信息收集成本和农产品的销售风险。

二　生产方法创新：加强技术指导以满足超市标准

在产中环节，"农户 + 合作社 + 超市"模式可使农户获得更好的技术指导。问卷调查显示，在被问及"西兰花生产经营中是否面临'缺乏生产、加工、冷藏技术'"问题时，三大销售渠道中持肯定回答的农户比例分别为 36.4%、17.5%、3.3%，选择"经合作社卖给超市"渠道的农户可以使自己的生产、加工、冷藏技术水平获得提升。

在传统的农产品供应链中，由于农户缺乏种植所需的技术知识，也缺乏安全生产行为的激励，导致西兰花的质量和安全水平往往较低。而在"农户 + 合作社 + 超市"模式中，超市通过聘用专业技术人员对农户的种植进行指导，规范种植过程中农药、化肥、有机肥等要素的使用种类和数量，并监督农户的农事操作。此外，合作社为了使农户生产和经营行为更加符合超市要求，也会在产中环节将科学种植的技术和管理经验传授给合作社社员。

三　产业组织创新：创新合作模式以协调生产经营过程

在产后环节，"农户 + 合作社 + 超市"模式可使农户获得更多的组织扶持。问卷调查显示，在被问及"西兰花生产经营中是否面临'缺乏组织合作与协调'"问题时，三大销售渠道中持肯定回答的农户比例分别为 56.3%、3.6%、4.9%，选择"合作社未卖给超市"和"经合作社卖给超市"渠道的农户能够得到更多合作社的扶持与协调。

在传统的农产品供应链中，由于大多数西兰花种植户的种植规模较小，他们每天各自的收获量有限，导致单位产品的销售成本高。而在"农户 + 合作社 + 超市"模式中，合作社能极大地提高西兰花销售的规模经济。另外，合作社还在产后环节监督农产品的挑选、分级、预包装等初加工过程，使超市销售的西兰花都具有高质量和标准化的特征，从而更能得到高端客户的认可。另外，合作社的存在也便于政府部门向农户提供资金支持。

四　销售市场创新：开拓超市渠道为农户赢得价格溢价

在流通环节，"农户 + 合作社 + 超市"模式可使农户获得更稳定的销售价格。问卷调查显示，在被问及"西兰花生产经营中是否面临'急需资金时被动接受低价格'"问题时，三大销售渠道中持肯定回答的农户比例分别为 45.5%、33.1%、1.6%，选择"经合作社卖给超市"渠道的农户能够获得更稳定的西兰花销售价格。

在传统的农产品供应链中，由于小农户无法提供稳定且足量的货源，因此他们的市场谈判能力有限，只好选择在农贸市场销售或请专人上门收购，但相应的收购价格普遍较低。而在"农户 + 合作社 + 超市"模式中，合作社会为农户提供必需的储藏和运输的基础设施，方便农户与超市形成对接。此外，超市为了使农产品供应链的合作得以持续，也会坚持以订单的形式收购农户的西兰花，这样既节约了西兰花销售过程的交易成本，又使农户得到更稳定的销售价格。因此，通过农户、合作社和超市三者之间的高效合作，"农户＋合作社＋超市"模式得以在农产品供应链中创造出大量的溢价。

第四节　本章小结

本章基于 Porter 的竞争优势理论和 Nelson 对农产品品质属性的划分，建立了农产品市场价值影响因素的分析框架。利用山东、海南和浙江三省 579 户西兰花种植户的问卷调查数据以及对合作社和超市的访谈材料分析发现，农户、合作社和超市三者之间的有效合作，成功实现了西兰花的质量提升和成本控制，进而提高了西兰花的市场价值。

此外，利用 Schumpeter 的创新理论，本章发现"农户＋合作社＋超市"模式除了大幅度提升产品质量和改善成本管理，还通过产品品质创新、生产方法创新、产业组织创新、销售市场创新，在农产品供应链中创造了大量的合作剩余，使得农户在产前环节获得更充分的市场信息，在产中环节获得更好的技术指导，在产后环节获得更多的组织扶持，在流通环节获得更稳定的销售价格。

第四章 "农户 + 合作社 + 超市"模式对农户收入影响的实证分析

第三章的分析表明,在"农户 + 合作社 + 超市"模式中,农户、合作社和超市三者通过建立有效的合作机制,成功地提高了西兰花的市场价值。不过,任何没有建筑在实际利益之上的合作关系都是脆弱的(张维迎,2001)。作为供应链的上游,小农户能否分享到"农户 + 合作社 + 超市"模式中合作绩效提升所带来的收益?接下来,本章通过建立计量模型来分析"农户 + 合作社 + 超市"模式对农户亩均西兰花净收入的影响。

第一节 "农户 + 合作社 + 超市"模式对农户亩均西兰花净收入的影响

一 变量设置

为分析不同的销售渠道对农户亩均西兰花净收入的影响,本书选取反映农户特征和市场环境特征的一系列变量作为控制变量,分析在其他条件不变的情况下,选择不同销售渠道的农户之间的亩均西兰花净收入的差异。

(一)农户特征变量

根据相关研究文献,本书选取以下变量来反映农户的特征:

(1)户主性别。一般情况下,男性比女性更适合从事体力劳动,同时,女性的生产决策相对保守。因此,在同等条件下,男性户主较之女性户主可能会获得更高的农业收入。

（2）户主年龄。郭建宇（2008）发现，在农业产业化经营中，农户年龄对农户农业收入增加有显著的负向影响。一般而言，不同年龄的农民在生理、心理和社会阅历等方面存在差异。年龄大的户主了解市场和获得市场信息的能力相对较差，其生产经营方式也可能比较落后。因此，户主年龄越大，农户亩均西兰花净收入可能越低。

（3）户主是否为党员。党员一般为村庄内的先进分子，他们的文化程度相对较高，学习能力也相对较强。因此，本书假定，户主的党员身份对农户的亩均西兰花净收入有正向影响。

（4）户主是否为村干部。村干部一般具有较好的人际关系网络，同时，其干部身份也能提高农户在销售西兰花时的谈判地位。考虑到村干部在位与不在位之间权力的差异，本书设定了"不是""曾经是"和"现在是"3个答案选项。可以推测，在这三类农户中，户主现在是村干部的农户，其亩均西兰花净收入最高。

（5）户主文化程度。Miyataet 等（2009）以苹果和洋葱种植户为例，指出户主文化程度对农户收入水平有显著的正向影响。一般而言，文化程度对农户的沟通能力、信息获取能力和决策能力有正向影响。户主文化程度越高，可能越清楚参与"农超对接"的潜在收益，也越愿意学习农业种植技术，采纳超市的质量和技术标准，从而使农户获得的亩均西兰花净收入越高。

（6）户主每年接受培训的次数。徐健、汪旭晖（2009）以订单农业为例，发现龙头企业提供的技术培训能够显著增加农户收入。一般而言，接受过西兰花种植技术培训的农户，掌握的专业知识和生产技能比一般农户更多，这有助于其提高西兰花种植水平，进而提高亩均西兰花净收入。

（7）西兰花种植面积。Miyataet 等（2009）指出，种植面积对苹果和洋葱种植户的收入水平有显著的正向影响。一般而言，西兰花种植面积越大，农户在种植西兰花方面可能越专业，也越可能形成规模化生产，从而获得规模经济。不过，如果种植面积过大，农户可能无法做到精耕细作，西兰花的亩均产量和净收入也可能因此不高。所以，西兰花种植面积对农户亩均西兰花净收入的影响方向无法确定。

（二）市场环境特征变量

根据相关研究文献，本书选取以下变量来反映市场环境的特征：

（1）储藏和运输的基础设施情况。农户储藏和运输农产品的基础设施情况对西兰花的冷藏保鲜和运输过程有重要影响。农户如果具有较好的储藏和运输基础设施，不仅西兰花的新鲜程度和外观完好程度可以得到保证，运输过程中的物流成本还可以得到降低，从而农户可以获得更高的收入。本书假定，农户储藏和运输的基础设施情况越好，其亩均西兰花净收入越高。

（2）市场需求信息的可获得性。蔡荣（2011a）认为，市场信息的可获得性对苹果种植户的纯收入具有显著的正向影响。一般而言，受有限理性的约束，农户及时获取和处理市场信息的能力相对缺乏。农户获得市场需求信息的难度越低，就越清楚消费者的购买意愿和意愿购买价格，从而销售情况越好，获得的收入越高。因此，本书假定，农户越容易获得市场需求信息，其亩均西兰花净收入越高。

（3）完成销售所需的运输距离。蔡荣（2011a）的研究发现，到市场的距离对苹果种植户的纯收入具有显著的正向影响，农户将苹果运往距离相对较远的市场，可以获得比专人上门收购更高的价格，并且价格增加的幅度大于运输费用增加的幅度。不过，农户完成销售所需的运输距离过远，不仅会造成农户的西兰花单位运输成本增加，而且会增加运输途中西兰花的损耗。因此，本书认为，完成销售所需的运输距离对农户亩均西兰花净收入的影响方向无法确定。

（4）运输过程的道路等级。通常情况下，道路等级越高，越有利于农户运输和销售西兰花，从而获得更高的收入。不过，道路等级过高，农户储藏和运输的基础设施情况以及容易获得市场需求信息等方面的优势也可能无法充分发挥。因此，本书认为，运输过程的道路等级对农户亩均西兰花净收入的影响方向无法确定。

（三）销售渠道变量

作为本书研究的核心因素，本书将反映销售渠道的变量设定为

"不通过合作社销售""合作社未卖给超市""经合作社卖给超市"①。一般而言，通过合作社销售可以提高农户的组织化程度和市场谈判能力，进而提高销售价格（张晓山，2009）。另外，合作社的盈余返还也将增加农户亩均西兰花净收入。但是，一些没有将西兰花卖给合作社的农户，通过加工企业订单、批发商渠道等销售西兰花，同样可以获得较高的亩均西兰花净收入。此外，作为现代销售渠道的代表，超市销售的西兰花往往具有较高的质量安全水平和标准化程度，更容易得到高端顾客的认可，且超市的市场营销方式和品牌效应也能提高西兰花的市场价值。因此，如果合作社将西兰花卖给超市，将有利于合作社社员的亩均西兰花净收入增加。为了更好地比较参与3种销售渠道的农户之间亩均西兰花净收入的差异，本书以参与"合作社未卖给超市"渠道的农户为对照组。本书认为，相比于参与"合作社未卖给超市"这一销售渠道的农户，虽然"不通过合作社销售"西兰花的农户的亩均西兰花净收入是增加还是减少无法确定，但是，参与"经合作社卖给超市"这一销售渠道的农户获得的亩均西兰花净收入将增加。

有关变量的含义及描述性统计结果见表4－1。

表4－1　　　　　　　　变量的含义与描述性统计分析结果

变量名称	代码	变量含义及赋值	均值	标准差	预期方向
亩均西兰花净收入	Y	西兰花亩均净收入（单位：元）的自然对数 Ln（*income/acre*）	7.03	1.61	—
户主性别	x_1	男 =1；女 =0	0.82	0.39	+
户主年龄	x_2	实际年龄（岁）	46.97	12.03	-
户主是否为党员	x_3	是 =1；否 =0	0.23	0.42	+

① 严格地讲，"是否卖给合作社"是农户可以选择的，合作社"是否卖给超市"并不是农户自由选择的结果，由此可能导致估计有偏。不过，本书分析的重点是不同销售渠道下农户的亩均西兰花净收入的差异，而不是农户的亩均西兰花净收入对销售渠道选择的影响。从这个意义上讲，即使销售渠道不是农户自主选择的，本书建立的农户亩均西兰花净收入影响因素的计量模型，仍有重要的现实意义。

续表

变量名称	代码	变量含义及赋值	均值	标准差	预期方向
户主是否为村干部	x_4	不是 = 1；曾经是 = 2；现在是 = 3	1.29	0.65	+
户主文化程度	x_5	小学以下 = 1；小学 = 2；初中 = 3；高中或中专 = 4；大专及以上 = 5	3.05	0.91	+
户主每年接受培训的次数	x_6	2 次以内 = 1；2—5 次 = 2；6—10 次 = 3；11—15 次 = 4；15 次以上 = 5	3.01	1.32	+
西兰花种植面积	x_7	种植面积（亩）	16.65	23.64	?
储藏和运输的基础设施情况	x_8	非常差 = 1；比较差 = 2；一般 = 3；比较好 = 4；非常好 = 5	3.24	1.28	+
市场需求信息的可获得性	x_9	很难 = 1；比较难 = 2；一般 = 3；比较容易 = 4；很容易 = 5	3.11	1.15	+
完成销售所需的运输距离	x_{10}	完成销售所需运输的实际距离（公里）	6.34	4.82	?
运输过程的道路等级	x_{11}	国道 = 1；省道 = 2；县道 = 3；乡道 = 4；其他 = 5	3.12	0.93	?
销售渠道变量（以"合作社未卖给超市"为对照）	D_i	不通过合作社销售 = 1；其他 = 0	0.60	0.49	?
		经合作社卖给超市 = 1；其他 = 0	0.11	0.31	+

二 模型选择

基于已有的研究成果（Miyata et al., 2009；乌云花等，2009；杨子刚、郭庆海，2011），本书建立农户亩均西兰花净收入影响因素的计量模型，分析前文所选取的反映销售渠道特征、农户特征、市场环境特征的变量对农户的亩均西兰花净收入的影响。

亩均西兰花净收入是指每亩西兰花的销售收入扣除所有生产成本和经营费用后的净结余。由于收入具有大正整数特征，其条件分布常常具有异方差性或偏态性，因此，本书采取其对数形式 Ln（*income/acre*）作为因变量，通过 OLS 方法分析不同的销售渠道对农户亩均西兰花净收入的影响。模型的具体函数形式为：

$$\text{Ln}(income/acre) = \alpha + \beta X + \gamma_1 D_1 + \gamma_3 D_3 + \varepsilon \qquad (4.1)$$

式（4.1）中，Ln（income/acre）为农户的西兰花亩均净收入的自然对数；α 为常数项；X 为自变量向量，包括 x_1，x_2，…，x_{11}；β 为待估系数矩阵；D_1、D_3 为反映农户销售渠道的虚拟变量；γ_1、γ_3 为虚拟变量的待估系数；ε 为误差项。

三　计量结果分析

在估计模型有关系数之前，本书先对变量进行了多重共线性检验。检验结果显示，方差膨胀因子统计值均低于5。这说明，所选自变量之间不存在严重的多重共线性问题。将所有自变量都纳入方程，得到回归结果见模型Ⅰ；去除模型Ⅰ中影响不显著的户主性别、户主是否为党员、户主文化程度、储藏和运输的基础设施情况、运输过程的道路等级5个变量后，得到回归结果见模型Ⅱ。比较模型Ⅰ和模型Ⅱ的结果（见表4-2）可以看到，两个模型的拟合优度和调整的拟合优度相差不大，且都具有较好的解释能力。

表4-2　　农户的亩均西兰花净收入影响因素的模型估计结果

变量名称	模型Ⅰ		模型Ⅱ	
	估计系数	标准误	估计系数	标准误
农户特征变量				
户主性别	-0.019	0.129	—	—
户主年龄	-0.012 **	0.005	-0.014 ***	0.004
户主是否为党员	-0.008	0.130	—	—
户主是否为村干部	0.179 **	0.083	0.184 **	0.075
户主文化程度	0.051	0.061	—	—
户主每年接受培训的次数	0.159 ***	0.041	0.159 ***	0.040
西兰花种植面积	-0.039 ***	0.002	-0.039 ***	0.002
市场环境特征变量				
储藏和运输的基础设施情况	0.011	0.040	—	—
市场需求信息的可获得性	0.127 ***	0.047	0.131 ***	0.046
完成销售所需的运输距离	-0.037 ***	0.011	-0.036 ***	0.011
运输过程的道路等级	0.015	0.054	—	—

续表

变量名称	模型 I		模型 II	
	估计系数	标准误	估计系数	标准误
销售渠道变量				
不通过合作社销售	-0.366***	0.119	-0.367***	0.117
经合作社卖给超市	1.041***	0.182	1.033***	0.180
常数项	7.257***	0.442	7.552***	0.281
拟合优度	0.497		0.496	
调整的拟合优度	0.485		0.489	

注：*、**、***分别表示在10%、5%、1%的显著性水平上统计显著。

表4-2的结果显示，销售渠道对农户亩均西兰花净收入有非常显著的影响。

（一）"农户＋合作社"模式创造了合作剩余

虚拟变量"不通过合作社销售"在模型 I 和模型 II 中都通过了1%统计水平的显著性检验且其系数为负。这说明，在控制其他条件不变的情况下，相比于参与"合作社未卖给超市"这一销售渠道的农户，"不通过合作社销售"西兰花的农户获得的亩均西兰花净收入显著更低。在控制其他条件不变的情况下，两者亩均西兰花净收入的比值约为13.66∶10。也就是说，"农户＋合作社"模式对农户亩均西兰花净收入的提高有积极影响。在被问及"您认为'农户＋合作社'模式有哪些作用（最多选3项）"时（见表4-3），有39.2%的样本农户认为该模式能够增强自己与收购商的谈判能力；30.4%的样本农户认为该模式能够方便共同购买储藏和运输设施，从而有利于扩大西兰花的种植规模并实现规模经济；29.5%的样本农户认为利用这一模式的保障机制可以降低自然灾害风险，从而使自己获得稳定的销售收入；30.9%的样本农户认为这一模式可以减少西兰花销售中的各项成本；35.8%的样本农户认为这一模式可以提高自己的生产技术和管理水平，从而提高其西兰花的生产效率和效益。

表 4 - 3   "农户 + 合作社"模式对西兰花种植户的影响调查

您认为"农户 + 合作社"模式有哪些作用（最多选 3 项）	人数（人）	比例（%）
增强与收购商的谈判能力	227	39.2
扩大生产规模，共同购买设备	176	30.4
通过合作社的保障机制降低灾害风险	171	29.5
减少农产品出售时各项买卖成本	179	30.9
提高生产和管理技能	207	35.8
基本没有作用	86	14.9

参与"合作社未卖给超市"这一销售渠道的农户所获得的亩均西兰花净收入之所以高于参与"不通过合作社销售"的农户，其原因主要有以下三点。

第一，"农户 + 合作社"模式通过批量购销，使农户获得了更高的西兰花销售价格。合作社将分散的农户联合起来，让农民共同进入市场并对市场交易做出集体反应，能提高农户与收购商的议价能力。调查中还发现，一些以领办方式组建的合作社，其领办人往往具备一定的经济观念和人脉关系，有利于合作社与超市形成对接。此外，合作社在采购、储藏、运输和销售方面形成的规模经济，也能极大地降低西兰花的物流成本和其他交易成本。因此，"农户 + 合作社"模式既能在农业生产过程中发挥农民独立经营的优势，又不会牺牲加工和销售的规模经济（Hayami，2009）。

第二，"农户 + 合作社"模式通过提供免费的技术培训和技术人员的现场指导，提高了农户的西兰花种植技术和生产管理水平，从而使农户获得西兰花差异化带来的高收益。据临海市上盘镇西兰花专业合作社的社长徐友兴介绍："在品种、面积、季节三个因素中，第一重要的是季节，因为种得好不如卖得好，市场需求是最重要的。其中，每年的 12 月下旬到次年 1 月中旬这段时间是西兰花销售价格最高的季节。第二重要的是品种，为此合作社专门投资 20 多万元建成试验基地，看哪个西兰花品种的市场价格最高，经过反复试验比较，合作社最终选择了抗寒力强、产量高的'四季绿'作为合作社的主推品种。"除了技术培训和市场引领,"农户+合作社"模式还通过增加加工环节实现西兰花的增值。调查中发现,一些合作社的负责人有较强的创新能力,他们自行设计了包括预冷、切割、清洗等流程的包装线,对西兰花进行简单的包装处理,从而提高了西兰花的质量和市场受欢迎程度。

第三,合作社按交易返利或按股金分红的盈余返还大幅度增加了农户的最终收入。例如,上盘镇西兰花专业合作社的销售总收入在扣除生产成本和经营费用之后,先支付合作社负责人和小组长的工资,然后提留5%的公积金、3%的公益金和3%—5%的风险基金,其余部分全部按交易返利或按股金分红,向合作社社员进行二次返利。

(二)"农户+合作社+超市"模式创造了更大的合作剩余

虚拟变量"经合作社卖给超市"在模型Ⅰ和模型Ⅱ中都通过了1%统计水平的显著性检验且系数为正。这说明,在其他条件不变的情况下,相比于参与"合作社未卖给超市"这一销售渠道的农户,参与"经合作社卖给超市"这一销售渠道的农户获得的亩均西兰花净收入显著更高。在控制其他因素不变的情况下,两者亩均西兰花净收入的比值约为10:20.41。调查统计数据也佐证了计量结果(见表4-4)。在被问及"您认为'农户+合作社+超市'模式有哪些作用(最多选3项)"时,67.4%的样本农户认为该模式可以使西兰花卖出更好的价格;45.1%的样本农户认为该模式提供了相对稳定的销售渠道,降低了西兰花销售的市场风险;39.2%的样本农户认为,该模式所提供的农业技术培训有利于提高其西兰花的生产效率和西兰花质量,进而提高西兰花的市场价值;49.2%的样本农户认为加入该模式可以获得政府的政策扶持和资金奖励。

笔者认为,参与"经合作社卖给超市"销售渠道的农户获得的亩均西兰花净收入之所以显著更高,其原因有以下五点。

第一,在"农户+合作社+超市"模式中,超市提供的技术支持和信息服务提高了农户的生产效率和效益,使其获得了更多的生产者剩余。超市聘请专家对农户进行生产指导,提高了西兰花的质量安全水平。特别是超市将市场需求信息与合作社共享,降低了合作社的信息搜寻成本。访谈中发现，大型超市不断将消费者对生鲜农产品质量、外观、品种、季节性的要求传达给合作社，从而让合作社社员在生产和加工过程有章可循，最大限度地保障了"农户＋合作社＋超市"模式中农民的经济利益和生产积极性。

表4－4 "农户＋合作社＋超市"模式对西兰花种植户的影响调查

您认为"农户＋合作社＋超市"模式有哪些作用（最多选3项）	人数（人）	比例（%）
农产品可以卖更好的价格	390	67.4
获得相对稳定的销售渠道	261	45.1
提高自己农业技术水平	227	39.2
获得政府的资金或政策支持	285	49.2
基本没有作用	13	2.2

第二，"农户＋合作社＋超市"模式中的规范化生产流程提高了农户种植西兰花的标准化程度，使其种植的西兰花在高端农产品市场中能获得更高的销售价格。大型超市在向合作社推出的生鲜农产品招标采购计划中，会制定相应的农产品质量标准。超市的质量标准被简称为 ID 卡，它是由超市总部的专业技术人员制定的。其中农产品质量标准包括：①外形与等级；②参考标准；③理化指标（即农药和重金属残留相关规定）；④运输和包装要求。中国消费者有很强的审美观，对农产品的外观很挑剔。调查中发现，由于超市采取开放式销售方式，消费者可以自由挑选。如果同一批农产品的品质不均，消费者会把好的产品挑走，较差的产品则无人问津。因此，对于与超市对接的合作社而言，往往需要参照超市理化指标、感官指标、鲜度指标和安全食用指标等标准，严格执行生产、采摘、分级、加工和包装等程序，为超市提供标准化的农产品。当然，标准化程度高的农产品也更能得到高端消费者的认可，从而赢得更高的销售价格。

第三，超市直接与产地的合作社开展合作，减少了中间环节，这既有助于降低物流成本和市场交易成本，又能最大限度地保证西兰花的新鲜度，降低物流过程中产品的损耗率。

第四，"农户＋合作社＋超市"模式下形成的中长期合作关系，既降低了西兰花市场需求和销售价格不确定性的风险，又保证农户获得相对稳定的销售收入。除了经济动机之外，小农户参与"农超对接"还能满足其社会动机，即获得社会认可和自我价值实现。调查中发现，一旦超市与合作社签订了购销合同，合作社社员的生产积极性将能得到极大的提高。果苑蔬菜专业合作社的社员在得知自己种植的西兰花被送往超市时都十分兴奋，纷纷表示要进一步提高质量安全水平，以增加送往超市的西兰花所占比例。

第五，"农户＋合作社＋超市"模式能大幅度提升农户收入的一个重要原因，是超市利用自身在农产品供应链终端的渠道优势以及其强大的产品包装和广告宣传能力，实现了高质量西兰花的品牌价值，使得农民种植的高品质西兰花在超市"优质优价"市场中更具竞争力。

品牌是一种投入成本较高但长期回报十分丰厚的信号传递方式。超市要使自己的农产品长期保持竞争优势，建立超市品牌是一种有效途径。张维迎（2006）指出，高效的信息传递能克服信息不对称导致的逆向选择行为，商号和品牌都是信息载体，产品的信息不对称程度越高，越需要品牌管理。

当然，蔬菜建立品牌比较难，因为蔬菜的外观信息（如形状和颜色等）比较容易获得，内在的品质信息（如安全品质等）在传统农产品供应链中客户很少提出要求。不过，对于超市的消费者而言，他们知道在超市购买品牌农产品遇到质量安全问题的概率，要远低于传统销售渠道购买农产品遇到质量安全问题的概率。由于对质量安全问题的持续关注，对于很大一部分消费者而言，购买超市品牌农产品带来的溢价远高于超市品牌农产品与传统销售渠道农产品的价格之差。而超市销售高质量农产品所增加的信号成本，也最终将被纳入农产品价格并由消费者承担。因此，在"农户＋合作社＋超市"模式中，超市将大量的专用性资产投资于广告宣传和销售渠道的建设，有效传递了高品质西兰花的信息，从而在创立超市的高端蔬菜品牌的同时，也顺利实现了西兰花的溢价。

第二节 不同销售渠道下农户亩均西兰花净收入的差异比较

一 模型构建

本节对不同销售渠道下农户的亩均西兰花净收入的差异进行更细致的测算，度量销售渠道特征、农户特征、市场环境特征和地区特征等对农户的亩均西兰花净收入的影响。调查发现，农户会选择多种渠道销售西兰花，例如农贸市场销售、专人上门收购、加工企业订单、批发商及其他统销等。本小节具体细分为 5 种销售渠道，分别是小商贩渠道、批发商渠道、加工企业订单、合作社未卖给超市、经合作社卖给超市。模型的具体方程如下：

$$\text{Ln}(income/acre) = \alpha + \beta X + \gamma_1 D_1 + \gamma_2 D_2 + \gamma_3 D_3 + \gamma_4 D_4 + \varepsilon \quad (4.2)$$

式（4.2）中，Ln（$income/acre$）表示农户亩均西兰花净收入的自然对数，α 为常数项，β 为代估参数矩阵，$X = (x_1, x_2, x_3, x_4, x_5, x_6, x_7, x_8, x_9, x_{10}, x_{11}, x_{12}, x_{13})$。为避免销售渠道变量之间的完全共线性，本书分别以小商贩渠道、批发商渠道、加工企业订单三种销售渠道作为基组，通过 3 次回归，分析其他销售渠道与基组之间农户亩均西兰花净收入的差异。如式（4.2）所示，D_1、D_2、D_3、D_4 分别为销售渠道的虚拟变量，并让这些变量在农户选择相应的销售渠道时取值 1。表 4 - 5 为模型中所用变量的定义及描述性统计结果。

表 4 - 5 模型变量描述与统计

变量名称	代码	变量含义及赋值	均值	标准差	预期方向
亩均西兰花净收入	Y	西兰花亩均净收入（单位：元）的自然对数 Ln（$income/acre$）	7.03	1.61	—
户主性别	x_1	男 = 1；女 = 0	0.82	0.39	+
户主年龄	x_2	实际年龄（岁）	46.97	12.03	—

续表

变量名称	代码	变量含义及赋值	均值	标准差	预期方向
户主是否为党员	x_3	是＝1；否＝0	0.23	0.42	＋
户主是否为村干部	x_4	不是＝1；曾经是＝2；现在是＝3	1.29	0.65	＋
户主文化程度	x_5	小学以下＝1；小学＝2；初中＝3；高中或中专＝4；大专及以上＝5	3.05	0.91	＋
户主每年接受培训的次数	x_6	2次以内＝1；2—5次＝2；6—10次＝3；11—15次＝4；15次以上＝5	3.01	1.32	＋
西兰花种植面积	x_7	种植面积（亩）	16.65	23.64	？
储藏和运输的基础设施情况	x_8	非常差＝1；比较差＝2；一般＝3；比较好＝4；非常好＝5	3.24	1.28	＋
市场需求信息的可获得性	x_9	很难＝1；比较难＝2；一般＝3；比较容易＝4；很容易＝5	3.11	1.15	＋
完成销售所需的运输距离	x_{10}	完成销售所需运输的实际距离（公里）	6.34	4.82	？
运输过程的道路等级	x_{11}	国道＝1；省道＝2；县道＝3；乡道＝4；其他＝5	3.12	0.93	？
是否为革命老区	x_{12}	是＝1；否＝0	0.40	0.49	－
是否处在开发区	x_{13}	否＝1；县级开发区＝2；县级以上开发区＝3	1.25	0.50	＋
小商贩渠道	D_i	（虚拟变量）选择相应方式＝1	0.46	0.50	？
批发商渠道	D_i	（虚拟变量）选择相应方式＝1	0.08	0.27	？
加工企业订单	D_i	（虚拟变量）选择相应方式＝1	0.06	0.25	？
合作社未卖给超市	D_i	（虚拟变量）选择相应方式＝1	0.29	0.45	？
经合作社卖给超市	D_i	（虚拟变量）选择相应方式＝1	0.11	0.31	？

二 多重共线性、异方差和内生性的处理

第一，在模型估计之前，先对其进行多重共线性的检验，结果显示，VIF（方差膨胀因子）统计值均低于5，说明所选自变量之间不存在严重的多重共线性问题。第二，由于收入具有大正整数特征，其

条件分布常常有异方差性，因此采取其对数形式 Ln（*income*/*acre*）作为因变量。第三，考虑到自变量"户主文化程度"可能会受到因变量"农户亩均西兰花净收入"的影响，例如亩均西兰花净收入的增加会促使农户接受更好的教育，进而文化程度提高，从而导致模型的内生性问题。因此本书选取全家务农总人数（IV_1）、非农劳动比例（IV_2）两个变量作为工具变量。一般来说，全家务农总人数与文化程度负相关，而非农劳动比例与文化程度正相关。因此，IV_1、IV_2 均会影响"户主文化程度"，但均与"农户亩均西兰花净收入"无关，因此 IV_1、IV_2 可以作为"户主文化程度"的工具变量。通过两阶段最小二乘法（2SLS）来佐证普通最小二乘法（OLS）的回归结果。

三　计量模型的结果分析

计量结果（见表 4 - 6）显示，销售渠道对农户亩均西兰花净收入有重要影响。其中，利用 OLS 方法和 2SLS 方法进行回归分析，发现收入由低到高依次是：小商贩渠道、加工企业订单、合作社未卖给超市、批发商渠道、经合作社卖给超市。

基于计量结果的解释如下：①"小商贩渠道"作为传统销售渠道的典型，在五种销售渠道中农户的亩均西兰花净收入最低，这也说明了传统的农产品销售渠道制约了农户收入的增加。②样本中参与"加工企业订单"渠道的农户亩均西兰花净收入偏低，可能是由于农户市场信息缺乏，导致合同签订时销售价格偏低。另外西兰花种植户的平均规模较小，因此缺乏与加工企业的议价能力。③参与"合作社未卖给超市"渠道的样本农户收入高于"加工企业订单"的农户，一个重要原因是合作社的盈余返还大幅度增加了农户的最终收入。④样本中参与"批发商渠道"的农户亩均西兰花净收入略高于参与"合作社未卖给超市"渠道的农户，可能是因为批发带来的规模效应，极大地节约了单位西兰花的采购成本、运输成本和市场交易费用。⑤参与"经合作社卖给超市"渠道的样本农户的亩均西兰花净收入，与其他销售渠道相比有十分显著的增加，这也印证了"农户+合作社+超市"模式的合作绩效为正值。

表4－6   不同销售渠道下农户的亩均西兰花净收入差异的模型估计结果

	模型 1		模型 2		模型 3	
	基组：小商贩渠道		基组：批发商渠道		基组：加工企业订单	
	OLS	2SLS	OLS	2SLS	OLS	2SLS
自变量 （常数项）	6.617 *** (0.454)	5.123 (3.542)	7.099 *** (0.480)	5.566 (3.635)	6.858 *** (0.483)	5.434 (3.383)
户主性别 (x_1)	-0.040 (0.129)	-0.087 (0.172)	-0.040 (0.129)	-0.087 (0.172)	-0.040 (0.129)	-0.087 (0.172)
户主年龄 (x_2)	-0.012 ** (0.005)	-0.001 (0.027)	-0.012 ** (0.005)	-0.001 (0.027)	-0.012 ** (0.005)	-0.001 (0.027)
户主是否为党员 (x_3)	-0.019 (0.130)	-0.148 (0.330)	-0.019 (0.130)	-0.148 (0.330)	-0.019 (0.130)	-0.148 (0.330)
户主是否为村干部 (x_4)	0.182 ** (0.083)	0.162 * (0.098)	0.182 ** (0.083)	0.162 * (0.098)	0.182 ** (0.083)	0.162 * (0.098)
户主文化程度 (x_5)	0.057 (0.061)	0.391 (0.787)	0.057 (0.061)	0.391 (0.787)	0.057 (0.061)	0.391 (0.787)
户主每年接受培训的 次数（x_6）	0.146 *** (0.042)	0.163 *** (0.059)	0.146 *** (0.042)	0.163 *** (0.059)	0.146 *** (0.042)	0.163 *** (0.059)
西兰花种植面积 (x_7)	-0.039 *** (0.002)	-0.038 *** (0.003)	-0.039 *** (0.002)	-0.038 *** (0.003)	-0.039 *** (0.002)	-0.038 *** (0.003)
储藏和运输的基础 设施情况（x_8）	0.006 (0.040)	0.013 (0.044)	0.006 (0.040)	0.013 (0.044)	0.006 (0.040)	0.013 (0.044)
市场需求信息的可获 得性（x_9）	0.133 *** (0.047)	0.120 ** (0.058)	0.133 *** (0.047)	0.120 ** (0.058)	0.133 *** (0.047)	0.120 ** (0.058)
完成销售所需的运输 距离（x_{10}）	-0.034 *** (0.011)	-0.036 *** (0.012)	-0.034 *** (0.011)	-0.036 *** (0.012)	-0.034 *** (0.011)	-0.036 *** (0.012)
运输过程的道路等级 (x_{11})	0.033 (0.054)	0.025 (0.059)	0.033 (0.054)	0.025 (0.059)	0.033 (0.054)	0.025 (0.059)
是否为革命老区 (x_{12})	-0.059 (0.104)	-0.100 (0.145)	-0.059 (0.104)	-0.100 (0.145)	-0.059 (0.104)	-0.100 (0.145)
是否处在开发区 (x_{13})	0.137 (0.100)	0.186 (0.155)	0.137 (0.100)	0.186 (0.155)	0.137 (0.100)	0.186 (0.155)

续表

	模型 1		模型 2		模型 3	
	基组：小商贩渠道		基组：批发商渠道		基组：加工企业订单	
	OLS	2SLS	OLS	2SLS	OLS	2SLS
小商贩渠道 （D_i）	—	—	-0.482** (0.189)	-0.443** (0.214)	-0.241 (0.205)	-0.311 (0.267)
批发商渠道 （D_i）	0.482** (0.189)	0.443** (0.214)	—	—	0.241 (0.261)	0.132 (0.369)
加工企业订单 （D_i）	0.241 (0.205)	0.311 (0.267)	-0.241 (0.261)	-0.132 (0.369)	—	—
合作社未卖给超市 （D_i）	0.460*** (0.123)	0.421*** (0.156)	-0.022 (0.202)	-0.022 (0.207)	0.219 (0.217)	0.110 (0.338)
经合作社卖给超市 （D_i）	1.496*** (0.172)	1.482*** (0.180)	1.014*** (0.232)	1.038*** (0.245)	1.254*** (0.247)	1.171*** (0.321)
调整 R^2	0.490	0.476	0.490	0.476	0.490	0.476
F 值	33.632	31.913	33.632	31.913	33.632	31.913

注：自变量系数下括号内的数值为其标准误。*、**、***分别表示在10%、5%、1%的显著性水平上统计显著。

计量模型的结果还显示，保持其他因素不变，户主年龄每增加 1 岁，农户的亩均西兰花净收入将减少 1.2%，这可能是与年龄增加导致农户的劳动生产率下降有关。如果户主为村干部，其亩均西兰花净收入将增加 18.2%，这可能与权力带来的经济租金和人脉有关。户主每年接受培训的次数提高 1 个等级，将使亩均西兰花净收入增加 14.6%，由此可见农业培训对农户收入增加具有十分重要的作用。西兰花种植面积每增加 1 亩，农户亩均西兰花销售净收入将下降 3.9%，这可能是因为同样的农地面积，西兰花种植所需的劳动力大约是水稻的 8 倍，当种植面积扩大时，农户无法和以前一样精耕细作，导致西兰花单位面积产量减少。市场需求信息的可获得性提高 1 个等级，将导致农户亩均西兰花净收入增加 13.3%，这充分说明市场信息对西兰花销售具有重要影响。最后，完成销售所需的运输距离每增加 1 公里，将导致农户亩均西兰花净收入减少3.4%。

第三节 本章小结

本章首先建立农户亩均西兰花净收入影响因素的计量模型，发现销售渠道对农户亩均西兰花净收入具有显著影响。参与"合作社未卖给超市"这一销售渠道的农户获得的亩均西兰花净收入，显著高于"不通过合作社销售"的农户；参与"经合作社卖给超市"这一销售渠道的农户获得的亩均西兰花净收入又显著增多。实证分析结果说明，"农户＋合作社＋超市"模式在创造大量合作剩余的同时，也显著提高了农户的亩均西兰花净收入。

在此基础上，对西兰花种植户的销售渠道进一步细分，发现农户亩均西兰花净收入由低到高依次是：小商贩渠道、加工企业订单、合作社未卖给超市、批发商渠道、经合作社卖给超市。另外，户主是村干部、户主每年接受培训的次数增加、市场需求信息的可获得性提高等对农户的亩均西兰花净收入具有显著的正向影响，户主年龄增加、西兰花种植面积增加、完成销售所需的运输距离增加等则对农户的亩均西兰花净收入有显著的负向影响。本章研究证明，如果采取适合的"农超对接"模式，小农户不仅不会被逐出现代的农产品供应链，还能在和超市的合作中获得共赢。

第五章 "农户+合作社+超市"模式对农户行为的影响及效率测评

本章将在前文研究的基础上，首先利用诱致性技术变迁和诱致性制度变迁理论，分析"农户+合作社+超市"模式对农户经营行为产生的影响。其次，通过数据包络分析（DEA）方法，测算农户在不同销售渠道、不同经营行为情形下的技术效率、经济效率以及综合效率。

第一节 理论分析

一 诱致性技术变迁理论

Griliches（1957）提出诱致性技术变迁理论，该理论认为新技术（或新产品）是市场需求变化诱导的结果。Griliches 指出，预期收益取决于该发明或创新的预期销售额，而预期销售额在很大程度上又取决于产品的需求状况。当市场对某种产品的需求增加时，会诱导与该产品相关的新技术发明或创新，从而推动技术进步。Schultz（1964）通过对危地马拉、印度、墨西哥等国家农业的观察，证实了生存性的小农（即使用家庭劳动力的农民）是理性的假说，指出农民会对市场需求和技术变化迅速做出反应，并以惊人的速度采纳新的生产技术。Kuznets（1966）研究发现，随着产业革命的推动，西方发达国家的发展动力已从依靠资本积累转向依靠技术的持续改进，即从"马克思增长类型"转变到"库兹涅茨增长类型"，Kuznets 认为这种转变主要表现为两点：一是工业技术体系从可见技术转变为不可见的技术，二是人们的需求从标准化的产品转变为有差异的产品。这两点结合在一起，改变了技术进步的速度和方向。Hayami 和 Ruttan（1985）指出，由化肥价格相对于土地价格急剧下降所诱发的、以科学技术为基础的农业发展，是典型的诱致性技术变迁的成功案例。

诱致性技术变迁理论表明，生产者的技术选择既要满足市场需求，也要适合自身所处的环境。在中国，零售市场特别是农产品零售市场面临着激烈的竞争，超市以及超市供应商都面临着严峻的成本压力。有调查（胡定寰，2010）表明，一些超市会向供应商收取各种费用（包括进场费、节庆费、商品宣传推广费等），导致进超市农产品的成本增加，虽然一些超市承诺不向参加"农超对接"的合作社收取各项费用。超市与传统的农产品销售渠道相比，也很难在经营成本上获得优势。不过，由于高质量农产品的收入价格弹性较大，对生鲜农产品进行加工可明显提高农产品的附加值。因此，超市可以采用精深加工技术提高农产品质量，从而在竞争中建立比较优势。

需求定律的价格，永远是相对价格（张五常，2001）。虽然增加超市的经营成本后，优质农产品和普通农产品的销售价格会一起提高，但由于优质农产品的销售价格比较高，在增加同样的成本后，从相对价格方面看，优质农产品与普通农产品相比价格是下降了的。

当前许多以超市带动的农产品供应链已经具备了产品质量加工所需的资本和技术条件，为此许多超市还建立了食品质量监管体系，例如家乐福的"品质体系"，以期通过对农产品的质量加工提高农产品溢价。超市对高质量农产品的诉求，以及随之产生的价格奖励制度，也促使与其对接的合作社和社员采用分级、清洗、包装等技术手段，不断提高农产品的质量。

二　诱致性制度变迁理论

在诱致性技术变迁理论基础上，Binswanger 等（1978）进一步提出诱致性制度变迁理论。该理论假定某项具有潜在效率的新制度（或新技术）的采用，需要相应的科研单位和科研人员的支持，通过对技术创新以及对科研潜在收益的追求，诱导相应制度的产生。North（1983）指出，各种经济活动的存在并不是市场运行的结果，它们首先由特有的社会制度、经济制度所决定。因此，对于环境的关注不能只考虑技术环境，还必须考虑制度环境，即一个组织或一种模式所处的法律制度、社会规范、观念制度等广为接受的社会事实。Ruttan（1984）在 North 等人研究的基础上，指出制度变迁不仅是因为更有效的制度绩效需求所诱致，而且也缘于社会科学知识和组织变迁知识的供给。商业、法律等社会服务的进步，降低了制度创新的成本，使制度变迁的供给曲线右移。Lin（1990）将诱致性制度变迁分为正式的制度变迁和非正式的制度变迁。在正式的制度变迁中，规则的变动和修改，需要得到受它所管束的一群人的认可。非正式制度如价值观、伦理规范、习惯、意识形态等，其规则的变迁则完全可以由个人完成。

"农超对接"进程中相关主体面临的一个重要的制度环境是确保食品安全。按照 2009 年 6 月 1 日起正式实施的《中华人民共和国食品安全法》第九十六条规定："生产不符合食品安全标准的食品或者销售明知是不符合食品安全标准的食品，消费者除要求赔偿损失外，还可以向生产者或者销售者要求支付价款 10 倍的赔偿金。"由此可见，一旦发生食品安全事故，相关主体需要承担连带责任。除了正式的制度环境，"农超对接"进程中相关主体面临的非正式制度环境是城乡居民消费观念的转变。随着居民生活水平的不断提高，安全、健康、无污染的无公害农产品、绿色农产品和有机农产品成为消费者的首选，而消费者需求的转变也成为超市经营安全农产品的直接推动力。超市为了维护其在消费者心目中"安全、优质、可信赖"的社会形象，必须构建农产品安全管理制度。

农产品安全管理的一个重要制度就是建立追溯体系。不过在中国，由于农产品追溯体系需要耗费很多时间和成本，许多与超市对接的合作社社员对建立农产品追溯体系缺乏积极性。他们的理由是自己的农产品不愁销路，而参与追溯体系过于麻烦，因为参与这个体系的社员必须按照标准使用生产要素，而且每天农事完成以后需要做详细的记录，由此会产生额外的人力、物力和财力。

然而必须看到，制度环境要求"农超对接"进程中相关主体的行为服从"合法性"机制,即采用那些在制度环境下广为接受的组织形式或做法,而不管这些形式或做法对组织内部运作是否有效率。特别是对于一些将农产品出口到国外超市的合作社而言,面临着出口国的危害分析与关键控制点(HACCP)标准、ISO9000 和 ISO22000 标准、欧洲零售商的农产品良好农业规范(Eurep – GAP)等一系列产品安全标准约束,只有构建合格的安全管理制度,才能应对出口过程中的"绿色壁垒"。因此,在国内外制度环境的需求和供给诱致下,超市和合作社有积极性建立合格的安全监管制度,促使合作社社员在种植环节采用更规范的安全生产行为。许多大型超市甚至与主要对接的合作社签订相关农产品安全标准,并通过技术指导和生产资料供应服务,保障进超市农产品的安全。

第二节 研究方法

本小节通过数据包络分析方法,测算农户在不同销售渠道下的技术效率和经济效率。数据包络分析(Data Envelopment Analysis,DEA)又称为生产前沿的非参数方法,它是一种依靠分析决策单元(Decision Making Unit,DMU)的投入和产出数据来评价其相对有效性的方法。该方法的原理主要是通过保持决策单元的投入或者产出不变,运用线性规划(Linear Programming,LP)方法确定观测数据相对有效的生产前沿面(或非参数分段曲面),然后将各个决策单元投影到 DEA 的生产前沿面上,并通过分析各决策单元偏离 DEA 前沿面的程度来比较决策单元之间的相对效率(Coelli,2008)。Charnes、Cooper 和 Rhodes(1978)于论文中首次提出数据包络分析(DEA)方法。由于它对于复杂系统的多投入—多产出分析具有独到之处,从 1978 年开始研究者发表了大量拓展和应用 DEA 方法的论文。

DEA 的基本模型是:假设有 n 个决策单元(DMU),且这 n 个决策单元都是同质且具有可比性的。另外有 m 种类型的投入数据(表示该决策单元对"资源"的耗费)和 s 种类型的产出数据(表示该决单元在消耗了"资源"之后产生的"成效")。一般对投入和产出的理解是：投入越小越好，而产出越大越好。对于每一个决策单元 DMU_j，其效率的评价指数 h_j 为：

$$h_j = \frac{u^T y_i}{v^Y x_j} = \sum_{r=1}^{s} u_r y_{rj} / \sum_{i=1}^{m} v_i x_{ij}, j = 1, 2, \cdots, n; i = 1, 2, \cdots, m; r = 1, 2, \cdots, s$$

式中，x_{ij} 为第 j 个决策单元中第 i 种类型投入的投入总量；y_{rj} 为第 j 个决策单元中第 r 种类型产出的产出总量；v_i 为对第 i 种类型投入的一种度量（权重）；u_r 为对第 r 种类型产出的一种度量（权重）。一般来说，我们总可以适当地取权系数 v 和 u，使得 $h_j \leqslant 1$。于是，在满足所有决策单元的效率都不大于 1 的条件下，对第 j 个决策单元进行效率评价，h_j 越大，表明 DMU_j 能够用相对较少的投入取得相对较多的产出。

效率包括纯技术效率和配置效率（Farrell，1957）。纯技术效率又称为有效性或效益，它是指现有资源最优利用的能力，即在给定各种投入要素的条件下实现最大产出，或者在给定产出下实现最小投入的能力；配置效率是指在一定要素价格条件下实现投入产出最优组合的能力，即在最低成本投入水平上生产给定产出量时，对投入要素组合的选择效率。

DEA 方法具有以下特点：①DEA 适用于多投入—多产出有效性的综合评价问题。由于它能充分考虑各决策单元本身最优的投入产出方案，因而在处理多投入—多产出有效性评价方面具有优势。②DEA 方法能理想地反映评价对象自身的信息和特点，它假定每个投入都关联到一个或者多个产出，且投入和产出之间确实存在某种联系，但不必确定这种关系的具体表达式。③DEA 方法并不直接对数据进行综合，因此决策单元的最优效率值与投入数据及产出数据的量纲选取无关，建立模型前无须对数据进行无量纲化处理。④DEA 无须任何权重假设，而以决策单元投入和产出的实际数据求得最优权重，排除了很多主观因素，具有很强的客观性。

第三节 不同销售渠道下的农户生产效率测评

一 描述性统计

本小节首先对参与"不通过合作社销售""合作社未卖给超市""经合作社卖给超市"三种销售渠道的农户的种子成本、农药成本、化肥成本、有机肥成本①、亩均西兰花净收入指标进行描述性分析。统计结果（见表5-1）显示：参与"经合作社卖给超市"销售渠道的农户在种子成本、农药成本、化肥成本、有机肥成本方面分别为213.91元/亩、86.01元/亩、454.95元/亩、139.70元/亩，均不同程度地高于参与"不通过合作社销售"和"合作社未卖给超市"销售渠道的农户。不过，参与"经合作社卖给超市"销售渠道的农户的亩均西兰花净收入为11539.00元/亩，较之其他两种销售渠道的农户有大幅度的提高。调查结果说明，由于超市提供了稳定的销售渠道，使得农户相信只要通过安全生产、质量加工等方式提高西兰花的安全和质量，就能在"优质优价"的超市渠道中获得高收益，因此参与"经合作社卖给超市"销售渠道的农户普遍有积极性增加生产要素的投入成本。

表5-1 不同销售渠道下农户的亩均生产要素成本与西兰花净收入

单位：元/亩

销售渠道	种子成本	农药成本	化肥成本	有机肥成本	亩均西兰花净收入
不通过合作社销售	196.78 (89.89)	54.88 (47.25)	217.04 (199.74)	102.60 (105.20)	2892.10 (7611.10)

---

① 有机肥和化肥的区别在于：化肥可以根据作物的需要，相对准确地计算养分配比和施用量，肥效快，但养分容易流失，且化肥施用过量会破坏土壤营养平衡，降低了农产品质量。而有机肥则含有丰富的腐殖质和作物所需的多种营养元素，但投入量不易准确计算，也就难以实现作物的高产（蔡荣，2011b）。

销售渠道	种子成本	农药成本	化肥成本	有机肥成本	亩均西兰花净收入
合作社未卖给超市	187.49 (74.06)	42.67 (19.77)	160.25 (145.57)	98.22 (90.72)	3408.27 (8043.95)
经合作社卖给超市	213.91 (118.15)	86.01 (61.23)	454.95 (278.34)	139.70 (154.93)	11539.00 (20126.48)

注：括号内的值为标准差。

　　其次，对参与三种销售渠道的农户在农药次数、化肥投入量、有机肥投入量、亩均西兰花产量指标进行描述性分析。统计结果（见表5-2）表明，三种销售渠道下，农户在西兰花种植中农药、化肥、有机肥的单位面积投入，与粮食作物和一般经济作物的投入相比普遍较高。其中，参与"经合作社卖给超市"销售渠道的农户在农药、化肥、有机肥的投入上分别为7.97次/年·亩、78.22斤/亩、134.26斤/亩，与其他两种销售渠道的农户相比，参与该渠道的农户会减少农药和化肥投入量、增加有机肥的投入量。此外，参与"经合作社卖给超市"销售渠道的农户的亩均西兰花产量为5434.43斤/亩，大幅度高于参与"不通过合作社销售"渠道的农户，但略低于参与"合作社未卖给超市"销售渠道的农户。调查结果说明，与未加入合作社的农户相比，加入合作社的农户在生产过程中的突出特点就是把农业技术放在重要位置，通过改良西兰花品种，提高农药、化肥和有机肥施用水平，提高单位面积西兰花产量。另外，实地调查发现，合作社会调整产品的生产季节性和销售区域性，拉开采收间隔，避免了集中上市产生的产品滞销。同时，社员会根据自身能力和合作社提供的信息，自愿上报种植面积，并与合作社签订购销协议，由合作社按面积和种植时间分批全部收购社员产品，从而达到产销有序，消除了产量过剩的担忧。

表 5 – 2 不同销售渠道下农户的亩均生产要素投入与西兰花产出

销售渠道	农药次数 (次/年·亩)	化肥投入量 (斤/亩)	有机肥投入量 (斤/亩)	亩均西兰花产量 (斤/亩)
不通过合作社销售	10.36 (7.70)	82.81 (53.22)	73.44 (73.20)	3301.50 (2474.08)
合作社未卖给超市	11.03 (7.38)	83.16 (50.84)	72.96 (73.22)	5468.70 (4088.43)
经合作社卖给超市	7.97 (12.54)	78.22 (57.48)	134.26 (151.77)	5434.43 (3707.69)

注：括号内的值为标准差。

二 不同销售渠道下的技术效率比较

本书利用 DEAP 软件（2.1 版本）进行 DEA 测算。需要说明的是，DEAP 软件包括投入导向和产出导向两种方法。投入导向方法是在保持产出水平不变的情况下尽可能投入最小化，并通过按比例地减少投入量来测算技术无效性。产出导向方法是在保持投入水平不变的情况下尽可能产出最大化，并通过按比例地增加产出量来测算技术无效性。不过在多数情况下，导向选择对所求的结果影响是很小的（Coelli & Perelman，1999）。本章所有测算均采取投入导向方法。DEA 测算中的另一个重要问题是投入和产出的界定。已有文献中，关于农户生产行为的投入指标一般选取资本和劳动（黄祖辉等，2011）。此外，还有一些学者（Galdeano – Gómez，2008）将种子、化肥、农药、小型机械等作为投入指标。选取更多的投入指标可将细节考虑周全，但过多指标会存在多重共线性的风险。

本小节选取亩均西兰花产量作为产出指标，选取亩均农药次数、化肥投入量、有机肥投入量、农药成本、化肥成本、有机肥成本作为投入指标，分析不同销售渠道下的技术效率。测算发现（见表 5 – 3），此时"不通过合作社销售""合作社未卖给超市"和"经合作社卖给超市"三种销售渠道的纯技术效率分别为 0.632、1.000、1.000，配置效率分别为 0.958、1.000、0.884，两者相乘得到技术效率，其中"合作社未卖给超市"销售渠道的技术效率最高，其次依次是"经合作社卖给超市""不通过合作社销售"。

表5-3　　　　　　　　　　不同销售渠道下的技术效率

	纯技术效率	配置效率	技术效率
不通过合作社销售	0.632	0.958	0.605
合作社未卖给超市	1.000	1.000	1.000
经合作社卖给超市	1.000	0.884	0.884

DEA 结果说明，参与合作社的社员的纯技术效率普遍较高。原因是合作社会针对西兰花不同品种特性及对气候条件的适应性，筛选优良品种，并通过种植过程的精耕细作，实现了西兰花的高产。此外，与"合作社未卖给超市"销售渠道的农户相比，参与"经合作社卖给超市"渠道的农户的配置效率较低。原因是在"经合作社卖给超市"销售渠道下，由于超市的西兰花质量检验要求比传统市场交易的情形下更为严格，鉴于增施有机肥可以提高西兰花内在质量，因此合作社社员普遍在种植环节重视有机肥（包括传统农家肥）的投入。同时，为了提高西兰花的安全性，社员在生产过程中尽可能使用低毒的生物农药进行病虫害防治，而生物农药的成本无疑较一般的化学农药高，由此导致农户的农药成本增加。因此，参与"经合作社卖给超市"渠道的农户失去部分自由调节生产要素使用量的权利，导致其配置效率和技术效率有所下降。

三　不同销售渠道下的经济效率比较

本小节选取亩均西兰花净收入作为产出指标，选取亩均农药次数、化肥投入量、有机肥投入量、农药成本、化肥成本、有机肥成本作为投入指标，分析不同销售渠道下的经济效率。测算发现（见表5-4），此时"不通过合作社销售""合作社未卖给超市"和"经合作社卖给超市"三种销售渠道的纯技术效率分别为0.458、0.544、1.000，配置效率分别为0.654、0.676、1.000，两者相乘得到经济效率，其中"经合作社卖给超市"销售渠道的经济效率最高，其次依次是"合作社未卖给超市""不通过合作社销售"。

表 5 - 4　　　　　　　　不同销售渠道下的经济效率

	纯技术效率	配置效率	经济效率
不通过合作社销售	0.458	0.654	0.300
合作社未卖给超市	0.544	0.676	0.367
经合作社卖给超市	1.000	1.000	1.000

DEA 结果说明，"经合作社卖给超市"销售渠道能大幅度提升农户种植西兰花的经济效率。调查中发现，优质农产品销售价格，往往是普通农产品价格的 3—4 倍。尽管合作社在生产过程中的监管使农户失去部分自由调节生产要素使用的权利，但参与"经合作社卖给超市"销售渠道的农户利用杀虫灯、使用矿物油制剂等方式，提高了西兰花的安全性。另外，以超市带动的农产品供应链通过加工过程，提高了西兰花的质量，从而更好地满足了超市高端客户的需求。

此外，西兰花作为具有高经济价值和高营养价值的农产品，较之一般的经济作物和粮食作物，市场风险更大，而"农超对接"模式能显著降低交易成本和市场风险。加之超市对参与"农超对接"项目的合作社极力扶持（例如家乐福超市对于与其对接的合作社不收取任何费用），以及超市在销售环节的市场营销，也使得超市在农产品高端市场中获得了竞争优势，从而促使"经合作社卖给超市"销售渠道的经济效率显著提高。

第四节　农户行为的效率测评

本小节将在上文分析的基础上，依据不同销售渠道中农户是否采取安全生产行为和质量加工行为，对农户进行分组。然后，选取农户的亩均西兰花产量和亩均西兰花净收入两项数据作为产出指标，测算不同销售渠道下，农户的安全生产行为和质量加工行为的综合效率。

一　安全生产行为的效率测评

本小节在借鉴已有研究（黄季焜等，2008）的基础上，采取综合分析农户使用的农药种类、次数和施药时间的方法，来判断农户是否采取安全生产行为。具体方法是：①如果农户使用的是无毒农药，则认定是安全的。②如果农户使用的是低毒农药，若使用次数较少并且施药时间较早也认定是安全的，次数较多或施药时间较晚则认定为不安全。③如果农户使用高毒农药，则认定为不安全。如果严格按照未使用农药的西兰花才是安全蔬菜的标准，农户种植的西兰花中很大一部分是不合格的。但该标准的执行不具有现实性。首先，安全蔬菜的比例太低，将导致市场供给短缺。其次，相关部门如果把所有的不安全蔬菜都销毁，在执法中也将遭遇生产者的强烈抵制。

DEA 结果（见表 5-5）说明，三种销售渠道下，农户采取安全生产行为的综合效率都要高于没有采取安全生产行为的效率。其中，"不通过合作社销售""合作社未卖给超市"和"经合作社卖给超市"三种销售渠道中，农户没用采取安全生产行为时的综合效率分别为0.571、0.970、0.718，农户采取安全生产行为时的综合效率分别为0.619、1.000、1.000。在"合作社未卖给超市"和"经合作社卖给超市"两种销售渠道中，农户采取安全生产行为都能获得最高的综合效率。这也在一定程度上说明了与传统的散户相比，合作社社员从事安全生产行为，更能获得安全农产品的溢价。

表 5-5　　　　　　　　农户安全生产行为的效率测算

		纯技术效率	配置效率	综合效率
不通过合作社销售	非安全生产	0.628	0.908	0.571
	安全生产	0.647	0.958	0.619
合作社未卖给超市	非安全生产	1.000	0.970	0.970
	安全生产	1.000	1.000	1.000
经合作社卖给超市	非安全生产	0.891	0.807	0.718
	安全生产	1.000	1.000	1.000

相关部门对食品安全监管决心和检测力度的加大，以及消费者食品安全意识的不断提高，促使与超市对接的合作社采取更有效的产品安全监管制度。对临海市上盘镇西兰花专业合作社进行调查发现，合作社通过对西兰花种植户的培训等措施，有效地引导农户采取安全生产行为：第一，合作社根据常见病虫害规定了17种低毒农药，包括这些农药的名称、有效成分、生产厂家、农药登记号、安全间隔期、最多使用次数、防治对象等信息；第二，合作社规定了农户购买农药的方式，所有社员用在西兰花种植过程中的农药都必须到合作社的科技服务部统一购买，同时必须建立农药购买档案；第三，合作社规定了社员使用农药的时间，社员必须根据病虫测报情况，统一使用农药，并严格遵守农药使用的安全间隔期。经过合作社和各个分社的宣传和监督，西兰花种植户的用药行为已经发生了很大的变化，从原来"见虫喷药"的化学防治方式，逐渐转变为采用杀虫灯、隔离网等生物防治方式。社员采取安全生产行为也最终得到合作社、超市乃至消费者的认同，直接的体现就是安全农产品的溢价带来的综合效率的提升。

二　质量加工行为的效率测评

本小节通过观察农户是否采用产品分级、切割预冷、清洗包装等行为，来判断农户是否对西兰花有质量加工行为。

DEA结果（见表5-6）说明，三种销售渠道下，农户采取质量加工行为的综合效率都不低于没有采取质量加工行为的综合效率。其中，"不通过合作社销售"、"合作社未卖给超市"和"经合作社卖给超市"三种销售渠道中，农户没用采取质量加工行为时的综合效率分别为0.576、0.882、0.971，农户采取质量加工行为时的综合效率分别为0.576、1.000、1.000。在"合作社未卖给超市"和"经合作社卖给超市"两种销售渠道中，农户采取质量加工行为都能获得最高的综合效率。这也在一定程度上说明了与未加入合作社的社员相比，合作社社员对农产品进行质量加工，更能获得加工农产品的溢价。

表5-6   农户质量加工行为的效率测算

		纯技术效率	配置效率	综合效率
不通过合作社销售	非质量加工	0.578	0.996	0.576
	质量加工	0.599	0.960	0.576
合作社未卖给超市	非质量加工	0.930	0.948	0.882
	质量加工	1.000	1.000	1.000
经合作社卖给超市	非质量加工	1.000	0.971	0.971
	质量加工	1.000	1.000	1.000

　　除了保障农产品的安全性，另一种提升综合效率的方式是对农产品进行精深加工，使其具备感官优势和口感优势。当前农产品的效益低，一个重要原因是农产品是以初级产品进入市场，附加值很少。农产品只有实现从初级产品向中高级产品的转变，才能真正在现代销售渠道中赢得更高的溢价。对青州市京青蔬菜专业合作社进行调查发现，合作社主要通过以下方式提升产品质量：第一，合作社通过新品种的引进和试种，尝试带动新的消费需求；第二，合作社通过在收购时的农产品分级，提高产品质量标准，使得进超市产品更能得到高端客户的青睐；第三，通过普通农户在种植过程中与农技员和种植示范户的交流，提高种植过程的技术水平。对临海市上盘镇西兰花专业合作社进行调查也发现，合作社的收购员在收购过程中，会以西兰花的花球颜色、形状和大小等为标准，对西兰花进行分拣。将合格的西兰花装入塑料筐（大筐装40株，小筐装30株），然后将西兰花运输到加工车间的包装线，对其进行去茎和二次分拣，最后将经过加工的产品卖给超市，实现加工产品的附加价值。而两次分拣中被认定为不合格的西兰花，则返还给农户自行处理，当然，也可以以很低的价格卖给合作社。农户采取质量加工行为也最终得到超市以及消费者的认同，直接的体现就是加工农产品的溢价带来的综合效率的提升。

第五节 本章小结

本章首先利用诱致性技术变迁理论,论述"农户+合作社+超市"模式可以采用精深加工技术提高农产品质量,从而在市场竞争中建立比较优势。利用诱致性制度变迁理论,论述"农户+合作社+超市"模式构建有效的农产品安全管理制度,是符合制度环境"合法性"要求的做法。

其次,本章对不同销售渠道的技术效率和经济效率进行 DEA 分析。发现"经合作社卖给超市"销售渠道(即"农户+合作社+超市"模式)对农户经营行为的影响是双向的。一方面,该销售渠道约束了农户自由调节生产要素使用的权利,导致该渠道的技术效率不是最高的。但另一方面,该渠道的经济效率又是最高的,超市和合作社对农户生产行为的约束和规范,有利于实现优质安全农产品的溢价。

最后,本章依据不同销售渠道中农户是否采取安全生产行为和质量加工行为,对农户进行分组。DEA 测算发现在三种销售渠道下,农户采取安全生产行为和质量加工行为,均能够在不同程度上提高农户种植西兰花的综合效率。

第六章 农户的安全生产行为和质量加工行为影响因素的实证分析

第五章的分析表明，在制度环境和技术环境的作用下，"农户 + 合作社 + 超市"模式会诱致农户采取安全生产行为和质量加工行为。接下来，本章将利用二元 Probit 模型，实证分析影响农户采取安全生产行为的因素。此外，利用二元 Logistic 模型，实证分析影响农户对西兰花采取质量加工行为的因素。

第一节 农户的安全生产行为影响因素的实证分析

一 变量设置

（一）农户特征变量

根据相关研究文献，本书选取以下变量来反映农户的特征：

（1）户主性别。性别的不同会影响农户的安全生产行为。Anne（2003）发现，在巴西男性农户会比女性农户更努力去搜寻关于农药的基本知识，以确保农药施用的安全效果。童霞等（2011）也认为，当涉及农药品种选择和农药使用量时，男性农户的行为较之女性农户更为规范。因此，在同等情况下，男性户主会比女性户主更可能采取安全生产行为。

（2）户主年龄。Zhou 和 Jin（2009）对蔬菜种植户进行分析后发现，农户年龄较大，更有可能采用高毒、高残留农药。一般而言，年龄较大的农户对市场需求变化的认识不足，他们会继续采用以往的农药使用方式，却可能带来农产品安全问题的风险。因此，户主农户年龄越大，其采取安全生产行为的可能性越小。

（3）户主文化程度。黄季焜等（2008）发现农户文化程度对于农药使用量具有负向影响，即农户文化程度越高，越会减少农药使用量。不过，江激宇等（2012）通过实证分析发现，受教育程度与农户采取安全生产技术呈负相关关系。原因是文化程度高的农户会把有限的资源从农业领域转向非农领域，他们不愿意在农业生产中耗费过多的人力、物力和财力，于是倾向于使用高效但非安全生产技术。因此，户主农户文化程度对农户采取安全生产行为的影响方向无法确定。

（4）销售渠道。本书将销售渠道变量设定为"不通过合作社销售""合作社未卖给超市""经合作社卖给超市"三种。一般而言，由于合作社社员必须接受合作社的农药残留检测以及合作社技术人员的指导监督，所以与未加入合作社的散户相比，更可能采取安全生产行为。此外，由于超市对农产品安全性有严格的要求，所以与超市对接的合作社社员更可能采取安全的生产行为。因此，本书认为，销售渠道对农户采取安全生产行为具有正向影响。

（5）户主每年接受培训的次数。Zhou 和 Jin（2009）发现农业培训能对规范农户的农药使用行为产生积极影响。一般而言，农业培训能加深农户对安全生产重要性的认识，也能更好地了解安全生产行为给其带来的长期好处。因此，农户户主每年接受培训的次数越多，农户采取安全生产行为的可能性越大。

（6）西兰花种植面积。胡定寰等（2006）通过对苹果种植户的调查发现，苹果种植面积与农产品安全性呈正相关关系。其解释是大规模农户属于专业农户，会掌握更多的农药使用技巧。不过，种植面积越大，意味着需要越多的劳动力，特别是对于西兰花这种劳动密集型的蔬菜品种而言，如果面积过大，农户很可能无法做到精耕细作，于是更倾向于使用高效农药，从而产生安全风险。因此，西兰花种植面积对农户采取安全生产行为的影响方向无法确定。

（7）全家务农总人数。童霞等（2011）发现，家庭务农人口越多，越会关注农药等农用化学品的使用方式。一般而言，全家从事农业生产的人数越多，就可以在单位面积的西兰花种植中投入更多劳动力，从而有利于对西兰花的精心培育。因此，全家务农总人数越多，农户越有可能采取安全生产行为。

（二）生产特征变量

根据相关研究文献，本书选取以下变量来反映生产的特征：

（1）农药购买方式。本书将农药购买方式设为"家庭单独购买""数家联合购买""全部到指定销售点购买"三种。Zhou 和 Jin（2009）指出，合作社社员较之散户，更可能采取安全的农药购买方式。一般而言，在数家联合购买过程中，由于农户之间相互监督和信息共享，他们更有可能选购安全的农药。此外，农药购买方式越集中，越有利于控制农户的购药行为。因此，本书假定农药购买方式对农户采取安全生产行为有正向影响。

（2）农药成本。一般而言，农户对于农药成本的变动是比较敏感的。农药成本越高，农户越有可能采用高效但非安全的农药，或者采用不合理的施药方式。因此可以推测，农药成本对农户采取安全生产行为有负向影响。

（3）化肥投入量。化肥和农药都是西兰花种植过程中最基本的投入要素。化肥投入量对于农户的农药使用的影响，取决于化肥投入与农药使用是替代关系，还是互补关系。因此，化肥投入量对于农户采取安全生产行为的影响方向无法确定。

（4）有机肥投入量。与化肥一样，有机肥投入量对于农户的农药使用的影响，取决于有机肥投入与农药使用是替代关系还是互补关系。因此，有机肥投入量对于农户采取安全生产行为的影响方向无法确定。

有关变量的含义及描述性统计结果详见表6-1。

二 二元 Probit 模型构建

本小节建立计量模型，分析农户特征变量和生产特征变量对农户采取安全生产行为的影响。蔬菜的安全问题主要是种植过程中的农药残留（施晟等，2008）。通常情况下，如果使用高毒农药且施用农药的次数越多、施药时间越晚，蔬菜中的农药残留量就越大。

表6－1　　　　安全生产行为相关变量的含义与描述性统计

变量名称	代码	变量含义及赋值	均值	标准差	预期方向
因变量					
安全生产行为	Y	农户采取安全生产行为＝1；农户没有采取安全生产行为＝0	0.57	0.50	—
农户特征变量					
户主性别	x_1	男＝1；女＝0	0.82	0.39	＋
户主年龄	x_2	实际年龄（岁）	46.97	12.03	－
户主文化程度	x_3	小学以下＝1；小学＝2；初中＝3；高中或中专＝4；大专及以上＝5	3.05	0.91	？
销售渠道	x_4	不通过合作社销售＝1；合作社未卖给超市＝2；经合作社卖给超市＝3	1.50	0.68	＋
户主每年接受培训次数	x_5	2次以内＝1；2—5次＝2；6—10次＝3；11—15次＝4；15次以上＝5	3.01	1.32	＋
西兰花种植面积	x_6	种植面积（亩）	16.65	23.64	？
全家务农总人数	x_7	实际人数（人）	2.38	1.12	＋
生产特征变量					
农药购买方式	x_8	家庭单独购买＝1；数家联合购买＝2；全部到指定销售点购买＝3	2.34	0.93	＋
农药成本	x_9	实际农药成本（元/亩）	54.66	44.74	－
化肥投入量	x_{10}	实际化肥投入量（斤/亩）	82.42	52.94	？
有机肥投入量	x_{11}	实际有机肥投入量（斤/亩）	79.71	86.75	？

　　已有相关文献中，胡定寰等（2006）区分农户采取安全与不安全农业生产技术的方法，是具体看农户采用农药的种类。毛飞（2011）则根据苹果种植户所选配的农药是否安全以及选配农药方式，分析农

户的农药使用行为是否安全。另外，江激宇等（2012）根据农药使用是否安全、是否按间隔期使用农药、是否安全使用化肥三个指标的联动影响，考察农户的蔬菜质量安全生产行为的选择。

张文彤（2004）指出，Probit 回归是建立在正态分布理论基础上的，如果自变量中连续性变量较多且服从正态分布，可考虑使用 Probit 回归模型。而 Logistic 回归是建立在二项分布理论基础上的，如果自变量中分类变量较多，可考虑使用 Logistic 回归模型。鉴于此，本书利用 Probit 模型分析农户采取安全生产行为的影响因素。

Probit 模型又称为概率单位（Probability Unit）模型，其回归函数为：

$$\phi^{-1}(p) = \beta_0 + \beta_1 x_1 + \beta_2 x_2 + \cdots + \beta_{11} x_{11} \tag{6.1}$$

式中，x_1 为户主性别、x_2 为户主年龄、x_3 为户主文化程度、x_4 为销售渠道、x_5 为户主每年接受培训的次数、x_6 为西兰花种植面积、x_7 为全家务农总人数、x_8 为农药购买方式、x_9 为农药成本、x_{10} 为化肥投入量、x_{11} 为有机肥投入量。$\phi(\cdot)$ 为标准正态的分布函数。利用分布函数将 y 进行变换，其中 Probit 变换的形式为：

$$p = F(y) = \int_{-\infty}^{y} \frac{1}{\sqrt{2\pi}} e^{-\frac{x^2}{2}} dx \tag{6.2}$$

通过这一变换过程，可以确保因变量 $y=1$ 的概率值 p 介于 0 和 1 之间，且使概率模型为非递减函数。如果 $p > 0.5$，则判定事件发生，反之则判定不发生。

三 计量结果分析

农户的安全生产行为影响因素的模型估计结果如表6-2所示。

表6-2　　　农户的安全生产行为影响因素的模型估计结果

变量名称	系数（标准误）	Z 值	Sig.
户主性别	0.127（0.146）	0.867	0.386
户主年龄	-0.001（0.005）	-0.272	0.786
户主文化程度	-0.065（0.067）	-0.978	0.328
销售渠道	0.316 *** （0.090）	3.518	0.000

续表

变量名称	系数（标准误）	Z 值	Sig.
户主每年接受培训的次数	0.046（0.042）	1.113	0.266
西兰花种植面积	-0.008***（0.002）	-3.522	0.000
全家务农总人数	0.105**（0.050）	2.099	0.036
农药购买方式	0.138**（0.059）	2.340	0.019
农药成本	-0.006***（0.001）	-3.967	0.000
化肥投入量	-0.003***（0.001）	-3.108	0.002
有机肥投入量	0.000（0.001）	-0.223	0.823
常数项	-0.109（0.480）	-0.228	0.820
拟合优度	0.362		

注：自变量系数右边括号内的数值为其标准误。＊、＊＊、＊＊＊分别表示在10%、5%、1%的显著性水平上统计显著。

（一）农户特征变量

（1）户主性别对农户的安全生产行为有正向影响，但该结果未通过显著性水平的统计检验。这一结果在一定程度上说明了男性农户比女性农户更有可能采取安全生产行为。之所以户主性别对农户的安全生产行为的影响不显著，可能是因为样本农户中男性农户的比例（81.5%）过高，无法更好地反映性别差异带来的影响。

（2）户主年龄对农户的安全生产行为有负向影响，但该结果未通过显著性水平的统计检验。这一结果在一定程度上说明了当农户年龄增大时，由于受到自身能力和精力的限制，接受新型农药和新的喷洒技术的能力减弱，加之其不规范的施药行为已经形成习惯，因此更不可能采取安全生产行为。计量结果之所以不显著，可能是因为年龄较大的农户也可能对以往农药使用的经验进行总结，从而在一定程度上回避不合理施药的风险。

（3）户主文化程度对农户的安全生产行为有负向影响，但该结果未通过显著性水平的统计检验。这一结果在一定程度上说明了农户文化程度越高，越善于在农业生产中"精打细算"。施晟等（2012）指出，解决食品安全问题的重点是控制供应链中的机会主义行为。随着农户文化程度提高，其可能利用自身掌握的知识，攫取投机行为带来的租金。此外，文化程度越高的农户，越相信自己的农药使用方式是合理的，从而片面追求防治效果和经济效果，却不慎带来农产品的安全风险。由此可见，农户是否采取安全生产行为的关键恐怕不在于文化程度的高低。计量结果之所以不显著，原因可能是拥有较高文化程度的农户，也可以在一定程度上更好地知晓农产品安全性要求，也会更好地掌握安全生产技术，从而导致户主文化程度对农户采取安全生产行为的影响方向不确定。

（4）销售渠道对农户的安全生产行为有正向影响，且该结果通过了1%显著性水平的统计检验。这一结果说明了销售渠道能对农户的安全生产行为产生激励作用。较之"不通过合作社销售"渠道，参与"合作社未卖给超市"销售渠道的农户更有可能采取安全生产行为。实地调查情况也印证了这一结果，合作社会利用农药残留速测仪对农药残留进行检测，判定社员种植的西兰花是否符合农药规定。因此合作社社员往往会先找到种植示范户或农技员，请教哪种农药无毒且无污染。同时许多社员也能遵守合作社自律守则的要求，把施药情况记录在卡上。此外，三种销售渠道中，参与"经合作社卖给超市"销售渠道的农户采取安全生产行为的可能性最大。调查中发现，为了提高进超市产品的安全性，很多合作社会制定多部安全生产操作规程，如《西兰花质量安全管理守则》《西兰花生产技术操作规程》《西兰花安全生产操作规程模式图》等。同时，与超市对接的合作社会执行更严格的农药残留管理，严禁使用任何剧毒、高残留农药及其混配剂，以确保进超市的西兰花达到超市的安全标准。

（5）户主每年接受培训的次数对农户的安全生产行为有正向影响，但该结果未通过显著性水平的统计检验。这一结果在一定程度上说明了农业培训对农户采取安全生产行为有促进作用，经过农业培训的农户，对安全生产行为的认识更为深刻，因此有更高的概率采取安全生产行为。计量结果之所以不显著，可能是当前农业培训的效果不显著，或是即使经过培训，农户仍有积极性使用投机行为，以达到降低农业生产成本、改进农产品外观和增加产量的目的。

（6）西兰花种植面积对农户的安全生产行为有负向影响，且该结果通过了1%显著性水平的统计检验。这一结果说明了西兰花种植面积增大时，农户采取安全生产行为的可能性降低。原因正如前文所述，西兰花是劳动密集型农产品，单位面积所需劳动力大约是水稻种植的7—8倍。因此当种植面积扩大时，农户种植和管理面临着更大困难，更可能通过农药投入来替代劳动力的投入。

（7）全家务农总人数对农户的安全生产行为有正向影响，且该结果通过了5%显著性水平的统计检验。这一结果证实了上文所论述的"单位面积西兰花需要更多劳动力"的观点。全家务农总人数越多，农户采取安全生产行为的可能性越大，原因可能是务农人数增加将有利于农户对西兰花的精心培植，从而促使农户采用更安全的生产行为。

（二）生产特征变量

（1）农药购买方式对农户的安全生产行为有正向影响，且该结果通过了5%显著性水平的统计检验。农药购买方式越集中，越有利于控制农户的购药行为。调查发现，合作社为指导农户安全和正确地购买农药，通常会控制农户的农药购买方式。经过不断地宣传和培训，许多合作社社员已经能够统一到指定的销售点购买规定的农药品种。临海市上盘镇西兰花专业合作社规定如果社员没有到合作社的科技服务部统一购买农药，合作社有权拒收其种植的西兰花。因此，合作社社员大多会遵守合作社对农药购买方式的要求。

（2）农药成本对农户的安全生产行为有负向影响，且该结果通过了1%显著性水平的统计检验。这一结果充分说明，农户也是理性的经济人，其用药行为会受到生产成本的影响。农药成本越高，农户采取安全生产行为的可能性越低。这可能是因为农药成本的增加会导致一些农户使用价廉低劣的违禁农药，或者采用不当的农药施用方法以降低生产成本。

（3）化肥投入量对农户的安全生产行为有负向影响，且该结果通过了1%显著性水平的统计检验。这一计量结果说明，化肥投入量增大时，农户采取安全生产行为的可能性降低。化肥本身对西兰花的安全性没有直接影响，然而实地调查中发现，由于施用化肥是提高西兰花单位面积产量的重要手段，一些尽可能多使用化肥的农户，往往也会尽可能多地投入农药以配合增产，从而导致西兰花的安全隐患增大。

（4）有机肥投入量对农户的安全生产行为基本没有影响。该结果说明尽管有机肥和农药都是农户种植西兰花过程中的基本生产要素，但两者之间既没有互补关系，也没有替代关系。农户种植过程中有机肥投入量不会影响到农户的农药施用，因此也不会影响到农户的安全生产行为。

第二节　农户的质量加工行为影响因素的实证分析

一　变量设置

（一）农户特征变量

（1）户主性别。一般情况下，男性户主比女性户主更适合从事体力劳动，从而更有利于对农产品采取质量加工行为。但是，当前农村中往往存在男性农户在家庭外面从事生产活动、女性在家里从事加工活动的现象。因此，户主性别对农户采取质量加工行为的影响方向不能确定。

（2）户主年龄。一般而言，年龄较大的农户由于认知限制加之体力限制，其经营方式往往比较落后，不太容易学习和接受新的加工方式。因此，本书认为，户主年龄对农户采取质量加工行为具有负向影响。

（3）销售渠道。本书将销售渠道变量设定为"不通过合作社销售""合作社未卖给超市""经合作社卖给超市"三种。一般而言，合作社为了实现农产品的溢价，往往会要求农户在加工环节采用产品分级、切割预冷、清洗包装等行为。此外，超市为了维护其农产品"安全、优质、可信赖"的声誉，更可能要求与其对接的合作社社员对农产品进行质量加工。因此，本书假定销售渠道对农户采取质量加工行为具有正向影响。

（4）户主每年接受培训的次数。农业培训对农户认知产品质量加工的益处、更好地学习新型加工技术有一定的促进作用。因此，本书认为，户主每年接受培训的次数越多，其对农产品采取质量加工行为的可能性越大。

（5）西兰花种植面积。西兰花种植面积越大，可能会产生规模效应，有利于农户使用农产品加工配套设施，从而农户采取质量加工行为的可能性会增大。但是，由于西兰花属于劳动密集型农产品，种植面积越大，需要的劳动力越多，农户可能无暇进行质量加工。因此，西兰花种植面积对农户采取质量加工行为的影响方向无法确定。

（6）全家务农总人数。家庭农业劳动力越充足，越有可能对西兰花进行深加工，以期通过质量加工行为实现高质量西兰花的溢价。因此，本书认为，全家务农总人数对农户采取质量加工行为具有正向影响。

（7）农户是否主要从事农业。当农户从事农业的时间占总工作时间的比例较高时，农业收入成为其主要收入来源。因此，主要从事农业的农户更可能对其种植的西兰花进行质量加工，以期获取更高的收入。因此本书认为，当农户以从事农业为主时，其更愿意采取质量加工行为。

（二）加工特征变量

（1）农户对加工价格的预期。农户是理性的，其行为受到其对价格预期的影响。如果农户认为其对西兰花进行质量加工，能够显著提高其收入水平，农户采用加工行为的意愿就越强烈。因此，本书假定，农户对加工价格的预期对农户采取质量加工行为具有正向影响。

（2）农户对加工方式的认知。本书将农户对加工方式的认知设定为"自己只负责种植，由其他人加工更划算""自己加工更划算"两种情况。如果农户认为其对西兰花进行质量加工有利可图，那么农户采取质量加工行为的可能性越大。因此本书认为，农户对加工方式的认知正向影响农户对西兰花采取质量加工行为。

（3）产品加工配套设施。产品加工配套设施作为专用性资产，对农户的质量加工行为有重要影响。由于质量加工对固定设施的要求较高，因此农户拥有的产品加工配套设施越完善，其对农产品进行加工的边际成本越低，农户采取质量加工行为的可能性越大。本书假定，产品加工配套设施对农户采取质量加工行为具有正向影响。

（三）区域特征变量

为了控制地区差异对农户采取质量加工行为产生影响，本书还引入了区域特征变量。

（1）是否为革命老区。革命老区一般是经济发展水平较为落后的地区，农户的市场意识和加工技术也较为落后，他们对西兰花进行质量加工的难度较大。不过，革命老区往往也是政府重点扶持的区域，其通过农业产业化实现农业发展的愿望也更强烈，因此，农户更可能通过对西兰花的质量加工，实现"一村一品"工程以及当地经济发展的目标。因此，是否为革命老区对农户采取质量加工行为的影响方向不能确定。

（2）是否处在开发区。一般情况下，开发区的经济政策较好，并且有良好的产品加工配套设施，从而有利于农户采取质量加工行为。此外，开发区往往地处城市的外围地带，与城市中心圈的交通运输较为便捷，有利于农户将加工农产品运输到超市等现代渠道进行销售。因此，本书认为，与其他地区的农户相比，处在开发区的农户更可能采取质量加工行为。

有关变量的含义及描述性统计结果详见表6-3。

二　二元 Logistic 模型构建

本小节建立二元 Logistic 模型，分析农户特征、加工特征以及区域特征对农户采取质量加工行为的影响。其中，因变量"农户是否采取质量加工行为"的判定，依据的是农户是否存在产品分级、切割预冷、清洗包装等行为。

表 6 – 3 质量加工行为相关变量的含义与描述性统计

变量名称	代码	变量含义及赋值	均值	标准差	预期方向
因变量					
质量加工行为	Y	农户采取质量加工行为 = 1；农户没有采取质量加工行为 = 0	0.17	0.37	—
农户特征变量					
户主性别	x_1	男 = 1；女 = 0	0.82	0.39	?
户主年龄	x_2	实际年龄（岁）	46.97	12.03	–
销售渠道	x_3	不通过合作社销售 = 1；合作社未卖给超市 = 2；经合作社卖给超市 = 3	1.50	0.68	+
户主每年接受培训的次数	x_4	2 次以内 = 1；2—5 次 = 2；6—10 次 = 3；11—15 次 = 4；15 次以上 = 5	3.01	1.32	+
西兰花种植面积	x_5	种植面积（亩）	16.65	23.64	?
全家务农总人数	x_6	实际人数（人）	2.38	1.12	+
农户是否主要从事农业	x_7	从事农业时间占 50% 及以上 = 1；从事农业时间小于 50% = 0	0.74	0.44	+
加工特征变量					
农户对加工价格的预期	x_8	价格基本没变化 = 1；价格提高 0—50% = 2；价格提高 50%—100% = 3；价格提高 100% 以上 = 4	2.17	1.07	+
农户对加工方式的认知	x_9	自己加工更划算 = 1；自己只负责种植，由其他人加工更划算 = 0	0.58	0.50	+
产品加工配套设施	x_{10}	非常差 = 1；比较差 = 2；一般 = 3；比较好 = 4；非常好 = 5	3.24	1.28	+
区域特征变量					
是否为革命老区	x_{11}	是 = 1；否 = 0	0.40	0.49	?
是否处在开发区	x_{12}	否 = 1；县级开发区 = 2；县级以上开发区 = 3	1.25	0.50	+

Logistic 模型又称为对数单位（Logit Unit）模型。设因变量 Y 为

0—1 型变量，且 $p(Y=1)=p$，其回归函数为：

$$Logit\ p = \ln\frac{p}{1-p} = \beta_0 + \beta_1 x_1 + \beta_2 x_2 + \cdots + \beta_{12} x_{12} \qquad (6.3)$$

式中，x_1 为户主性别、x_2 为户主年龄、x_3 为销售渠道、x_4 为户主每年接受培训的次数、x_5 为西兰花种植面积、x_6 为全家务农总人数、x_7 为农户是否主要从事农业、x_8 为农户对加工价格的预期、x_9 为农户对加工方式的认知、x_{10} 为产品加工配套设施、x_{11} 为是否为革命老区、x_{12} 为是否处在开发区。根据上式可得：

$$p = \frac{\exp(\beta_0 + \beta_1 x_1 + \beta_2 x_2 + \cdots + \beta_{12} x_{12})}{1 + \exp(\beta_0 + \beta_1 x_1 + \beta_2 x_2 + \cdots + \beta_{12} x_{12})} \qquad (6.4)$$

式（6.3）中 $\frac{p}{1-p}$ 又称为相对风险（或优势比率），它是所关注事件发生的概率与不发生的概率的比，β_i 称为 Logistic 回归系数。如果 $p > 0.5$，可以预测该事件发生，否则预测不发生。

三　计量结果分析

农户的质量加工行为影响因素的模型估计结果如表 6 - 4 所示。

表6 -4　　　　　农户的质量加工行为影响因素的模型估计结果

变量名称	系数（标准误）	Wald 值	Sig.
户主性别	- 0.115（0.302）	0.146	0.702
户主年龄	- 0.014（0.011）	1.705	0.192
销售渠道	0.288 *（0.168）	2.949	0.086
户主每年接受培训的次数	0.187 **（0.091）	4.244	0.039
西兰花种植面积	- 0.005（0.005）	0.883	0.347
全家务农总人数	0.182 *（0.097）	3.563	0.059
农户是否主要从事农业	0.431（0.296）	2.128	0.145
农户对加工价格的预期	0.298 ***（0.110）	7.271	0.007
农户对加工方式的认知	0.728 ***（0.252）	8.338	0.004
产品加工配套设施	0.195 **（0.096）	4.136	0.042
是否为革命老区	0.214（0.241）	0.785	0.376
是否处在开发区	0.134（0.233）	0.333	0.564

续表

变量名称	系数（标准误）	Wald 值	Sig.
常数项	-4.637*** （0.882）	27.667	0.000
-2 倍对数似然值	484.753		
卡方检验值（Chi - square）	38.603（Sig. = 0.000）		
伪决定系数（Nagelkerke R^2）	0.108		

注：自变量系数右边括号内的数值为其标准误。*、**、*** 分别表示在 10%、5%、1% 的显著性水平上统计显著。

（一）农户特征变量

（1）户主性别对农户采取质量加工行为具有负向影响，但该结果未通过显著性水平的统计检验。这一结果说明，女性农户较之男性农户，更有可能对西兰花采取质量加工行为，这可能是西兰花种植和加工过程中的性别分工所引致的。之所以计量结果不显著，可能是因为样本农户中男性农户的比例（81.5%）过高，无法更好地反映性别差异带来的影响。

（2）户主年龄对农户采取质量加工行为具有负向影响，但该结果同样未通过显著性水平的统计检验。这一结果表明，年龄较大的农户较之年轻农户，缺乏对市场新需求的理解，也不太容易学习新型产品加工技术。计量结果之所以不显著，可能是由于西兰花种植和加工过程中的年龄分工所致，年轻人更多地被刻意安排从事西兰花的种植活动，年长者则被刻意安排进行加工活动。

（3）销售渠道对农户采取质量加工行为具有正向影响，且该结果在 10% 的显著性水平上统计显著。这一结果说明，相比于参与"未通过合作社销售"渠道的农户，参与"合作社未卖给超市"销售渠道的农户更有可能对西兰花采取质量加工行为，说明农民专业合作社在产品质量加工过程中发挥了积极的促进作用。此外，三种销售渠道中，参与"经合作社卖给超市"销售渠道的农户更有可能对西兰花采取质量加工行为。调查中也发现，为了达到超市特别是国外超市的产品准入条件，许多与超市对接的合作社在为社员供应优质生产要素的同时，会执行完整的产品质量和加工标准，以克服超市的各种"绿色壁垒"和"技术壁垒"。

（4）户主每年接受培训的次数对农户采取质量加工行为具有正向影响，且该结果在5%的显著性水平上统计显著。与预期相符，培训次数越多，农户采取质量加工行为的可能性越大。这可能是因为经过农业培训的农户对产品质量加工的认识更为深刻，也会更好地掌握农产品的加工技术，因而他们采取质量加工行为的概率更大。

（5）西兰花种植面积对农户采取质量加工行为具有负向影响，但该结果未通过显著性水平的统计检验。这一结果表明，西兰花种植规模越大，农户采取质量加工行为的可能性越小，这可能是西兰花在培植过程中需要较多的劳动力，因此当西兰花种植面积增大时，农户无暇进行产品质量加工活动。

（6）全家务农总人数对农户采取质量加工行为具有正向影响，且该结果通过了10%显著性水平上的统计检验。这一结果说明，家庭务农总人数越多的农户，越有可能采取质量加工行为。这可能是当家庭劳动力充足时，更有可能对西兰花采取精深加工的方式，以期获得高质量西兰花的溢价。

（7）农户是否主要从事农业对农户采取质量加工行为具有正向影响，但该结果未通过显著性水平的统计检验。这一结果说明，主要从事农业生产的农户，更有可能对西兰花进行质量加工。该结果未能通过显著性水平的统计检验，可能是因为农户是否采取质量加工行为，更多的是受其意愿和能力的影响，与其是否主要从事农业关系不大。

（二）加工特征变量

（1）农户对加工价格的预期正向影响农户采取质量加工行为，且这一结果通过了1%显著性水平的统计检验。这一结果充分说明，对农民而言，经济利益是非常重要的，其加工行为受到加工农产品市场价格的诱导。农户对经过加工的西兰花的价格预期越高，越有可能对西兰花采取质量加工行为。

（2）农户对加工方式的认知正向影响农户采取质量加工行为，且该结果通过了1%显著性水平的统计检验。这一结果充分说明，认知变量对于农户行为的影响非常大。认为自己负责加工较之他人代替加工更划算的农户，其采用加工行为的可能性越大。说明农户的加工行为也受其内心观念的影响，只有农户真正认识到加工行为可以带来西兰花的溢价时，才会有积极性对西兰花进行质量加工。

（3）产品加工配套设施对农户采取质量加工行为具有正向影响，且该结果通过了5%显著性水平的统计检验。这一结果说明，加工配套设施作为加工过程中重要的生产工具，对于农户采取质量加工行为有重要影响。产品加工配套设施越完善，越有可能诱导农户对西兰花进行质量加工。

（三）区域特征变量

（1）革命老区变量对农户采取质量加工行为具有正向影响，但该结果未通过显著性水平的统计检验。这一结果表明，由于革命老区的历史地位，其往往会得到政策倾斜，当地政府为了引领农民增收，也会引导和支持农户通过农业产业化和农产品深加工的方式，实现农业经济的增长。计量结果之所以不显著，可能是革命老区的发展现状，一定程度上制约了农户对农产品采取质量加工行为。

（2）开发区变量对农户采取质量加工行为具有正向影响，但结果未通过显著性水平的统计检验。这一结果表明，开发区由于其配套设施完善，加之离城市超市等农产品现代销售渠道较近，有力地提升了农户采取质量加工行为的积极性。计量结果之所以不显著，可能是因为579户样本农户中，处于县级开发区和县级以上开发区的人数，仅分别有111户和17户，未能很好地反映地域性的差异。

第三节　本章小结

本章在第五章研究的基础上，进一步对农户的安全生产行为和质量加工行为的影响因素进行了实证分析。通过建立二元 Probit 回归模型，分析发现销售渠道、全家务农总人数、农药购买方式对农户采取安全生产行为具有显著的正向影响，西兰花种植面积、农药成本、化肥投入量对农户采取安全生产行为具有显著的负向影响。

另外，通过建立二元 Logistic 回归模型，分析发现销售渠道、户主每年接受培训的次数、全家务农总人数、农户对加工价格的预期、农户对加工方式的认知、产品加工配套设施等因素显著正向影响农户对西兰花的质量加工行为。本章的计量结果也印证了第五章的理论假说："农户＋合作社＋超市"模式（即"经合作社卖给超市"销售渠道）能诱致农户更多地采取安全生产行为和质量加工行为。

第七章 "农户＋合作社＋超市"模式中相关主体的剩余分配机制

虽然农户、合作社与超市之间的合作创造了大量的合作剩余，但如果合作剩余不能建立合理的分配制度，也会给农产品供应链中各方的合作带来不稳定因素。因此，如何在不同行为主体之间分配合作剩余，不仅影响合作剩余分配的公平，而且影响不同行为主体之间合作的绩效。因此，本章将对"农户＋合作社＋超市"模式中相关主体之间的合作剩余分配机制进行研究，并通过建立计量模型，分析合作剩余分配机制的影响因素。

第一节 合作剩余分配的现状

由于农户、合作社和超市都为合作剩余的创造做出了贡献，因此，从理论上来说，无论是农户与合作社之间，还是合作社与超市之间，其合作剩余分配都应该做到各方分配到的剩余份额与他们对合作剩余的贡献大小相匹配。这样，既可以维护不同行为主体的利益，又可以避免合作剩余的损失。不过，调查中发现，由于农户、合作社和超市在信息获取和风险控制方面能力不同，他们在合作剩余分配方面存在一些与理论上的情况不一致之处。

一 信息获取能力对合作剩余分配的影响

首先，在"农户＋合作社＋超市"模式中，由于农户、合作社和超市之间存在信息不对称，加之农户的信息获取能力较低，合作社或超市可以策略性地使用信息来损害农户的利益，从而攫取更多的合作剩余。农户调查统计结果显示（见表7－1），农户对合作社和超市的信息知之甚少。其中，对于"从农田到城市的运输费用""西兰花的加工或包装费用"和"城市消费者购买西兰花的价格"三个方面的信息，回答"完全不知道"的农户所占比例分别达到了44.9%、62.9%和42.8%。农户信息获取能力不足也导致其在合作剩余分配上处于弱势地位。例如，一些合作社负责人利用自身的信息优势，攫取了西兰花收购价和销售价之间价差的大部分。西兰花价格上涨时，合作社有时故意制造市场饱和的假象，压级压价，单个农户无法或没有精力去获取这些信息，因此，较大的合作剩余被合作社拿走。而当西兰花价格下降时，合作社会压低收购价格，让农户承担全部损失。当然，也存在西兰花价格较高时农户撇开合作社自行销售，而西兰花价格较低时农户却要求合作社承担销售的情形。此外，超市也可以利用农户和合作社对超市成本与收益缺乏了解的弱点，通过垄断农产品供应链终端的市场信息，在合作剩余分配上占据更大的主动性。

表7－1　　　　　农户信息获取能力的调查结果

"您是否知道以下信息?"（单选）	选项	人数（人）	比例（%）
从农田到城市的 运输费用	完全知道	68	11.7
	基本知道	104	18.0
	有一点知道	147	25.4
	完全不知道	260	44.9
西兰花的加工或包装费用	完全知道	21	3.6
	基本知道	62	10.7
	有一点知道	132	22.8
	完全不知道	364	62.9
城市消费者购买西兰花的价格	完全知道	33	5.7
	基本知道	146	25.2
	有一点知道	152	26.3
	完全不知道	248	42.8

二 风险控制能力对合作剩余分配的影响

农户、合作社和超市在风险控制能力上的差异，也会影响三者之间形成有效的合作剩余分配机制。农户调查统计结果显示（见表7－2），大多数农户认为自己无力承受市场价格波动的风险，同意"自己可以独立承受西兰花市场价格波动"这一说法的样本农户仅占31.1%。由此可见，农户生产规模小、市场应变能力弱的缺陷，导致其不具备控制西兰花市场风险的能力。不过，农户通常具有一定的控制西兰花质量安全风险的能力，45.9%的样本农户认同"收购价格不一样，农药和化肥使用方式也不一样"的说法。而对于合作社和超市而言，它们则不一定有能力控制农户在生产过程中的机会主义行为，只有43.2%的样本农户同意"超市或合作社有能力识别农药和化肥的使用情况"这一说法。因此，一些农户可能会出于经济利益的考虑，购买不符合要求的生产资料以降低生产成本、改进西兰花的外观和提高产量，由此提高了西兰花质量安全问题发生的风险，进而降低了西兰花的市场价值。

表7－2　　　　　　　农户风险控制能力的调查结果

"您是否同意以下说法？"	选项	人数（人）	比例（%）
自己可以独立承受西兰花市场价格波动	同意	180	31.1
	不同意	399	68.9
收购价格不一样，农药和化肥使用方式也不一样	同意	266	45.9
	不同意	313	54.1
超市或合作社有能力识别农药和化肥的使用情况	同意	250	43.2
	不同意	329	56.8

第二节　合作剩余分配问题的解决方案

一 产权分配机制

产权构成了竞争的"规则"，它对人类行为有决定性影响（Coase，1960）。当产权被改变时，人类的竞争行为将会变化，由此导致资源配置方式和收入分配方式随之发生变化。因此，相关主体之间合作的前提是建立一个明确产权界定的社会规则，使那些有生产性投资的主体可以排除他人无偿占据他的生产性投资（Demsetz，1967；Alchian & Demsetz，1973）。

如何建立起一个有效的合作剩余分配机制？根据风险补偿原则，当交易中产权界定的成本很高时，应该将产权赋予最有能力控制该风险变化的人，这样可以减少交易过程的交易成本（巴泽尔，1997）。由于一项资产可以有许多属性（有用性或潜在有用性），并且这些属性完全由一个人占有往往不是最有效率的产权安排，所以一项资产的所有权往往被分割给若干技能各异的个人。巴泽尔进一步指出，当资产具有许多有用属性并且为了实现这些属性的最高价值而把这些属性分属给了许多个人的时候，限制每一个所有者的权利往往是防止个人侵吞"公共领域"的有效安排。

具体而言，合作剩余的产权分配，必须至少满足参与约束和激励相容约束两条原则。

二　参与约束

参与约束是指农户、合作社、超市三者之间通过合作所获得的收益，高于或至少等于他们不合作时所获得的收益，从而让三者都安于现在的位置，不至于跳出"农户 + 合作社 + 超市"的合作模式。

一般而言，某一行为主体负责农产品从生产到销售全过程，即独占产权的安排容易产生两类成本：第一类成本是非人力资产的产权形式常常无法与产生最大收益的人力技能的产权形式相匹配，导致资源配置没有达到帕累托最优。第二类成本是独占产权将导致专业化收益的损失。

如果按照农作物的属性来划分产权，可以将农作物的产权划分为种子权、栽培权、植保权、交易权、定价权等（周德翼，2008）。也许农产品的一些属性归某一行为主体所有，其使用效率可能会很高，但这并不能保证，农产品的其他一些属性也归其所有时，其使用效率也必然很高。由于农产品属性的多样性和人类行为的复杂性，让农户、合作社、超市中任何一方拥有农产品的全部产权都不可能是最优的。因此，把农产品的产权进行分割，让不同的行为主体控制农产品的不同属性，由此产生的效率可能会更高。

鉴于此，"农户 + 合作社 + 超市"模式中，相关主体应通过分工合作的方式，自己只保留农产品的一部分产权，同时将其他部分的产权转让给其他主体，由此获得的收益，将高于农户、合作社、超市任何一方控制农产品全部属性所获得的收益。

三 激励相容约束

激励相容约束是指农户、合作社、超市三者努力工作时获得的收益，高于或至少等于他们不努力时所获得的收益，使得三者都意识到努力优于不努力，从而让农户、合作社、超市通过努力工作，使期望收益达到最大化。

巴泽尔（1997）指出，"无论谁享有权利，只要产权被界定清楚，收益就会实现最大化"的说法是毫无意义的。只有与收益最大化相一致的权利转让，才能完全清晰地界定产权。具体而言，决定产权最优分配的总体原则是：对资产平均收益影响更大的一方，得到的剩余份额也应该更大。"效率"成为解释这一原则的重要原因：如果某一行为主体相对于其他主体，能更多地影响产品某一属性的变化，那么由该主体拥有产品这一属性的产权，就能更好地形成"激励相容"。周德翼等（2008）进一步指出，产权应该配置给最有知识、最有控制能力的一方。

因此，"农户 + 合作社 + 超市"模式中，将农产品的不同属性分配给不同行为主体的原则是：将农产品的单个属性分配给更能控制该属性变化的一方。这样可以更好地激励相关主体通过努力工作，实现该属性的收益最大化。

四 合作剩余的表现形式

基于上述理论分析，本书认为应将西兰花的种植、交易和销售属性分离开来，由农户负责种植环节，合作社负责交易环节，超市负责销售环节。调查中也发现，为了使交易成本最小化，市场机制的作用会自动将相应的产权分配给信息最充分、风险控制能力最强的一方。具体而言：

（一）农户拥有种植过程的产权，并获得价格溢价

农户负责西兰花种植环节，并承担保证产品质量和安全的责任。合作社按照农户与其约定的交易量和质量等级给予农户货款，使他们获得高于市场平均价格的价格溢价，从而激励他们种植高质量的西兰花。例如，上盘镇西兰花专业合作社的社员往往能获得比市场平均价格更高和更稳定的收购价格。但是，他们一旦被发现使用违禁农药，就会被强制要求退出合作社。由于这种惩罚有足够的威慑力，社员一般都会遵守规则。此外，一些合作社会对社员设定一个保护价，然后将净收入的一部分按西兰花质量的不同返还给不同社员，这在某种意义上也具有价格溢价的效果。

（二）合作社拥有交易过程的产权，并获得经济租金

合作社负责西兰花交易环节，通过对西兰花进行收购、配送和质量安全监管，获取其社会关系资源的经济租金。例如，鸿绿瓜菜专业合作社充分利用社区关系网络和当地人的隐性知识①，帮助农户完成种子和化肥等生产资料的购买、种植和加工技术的学习以及西兰花的销售。合作社通过将较高的合作剩余返还给社员，降低社员在合作社外部交易西兰花的可能性。

（三）超市拥有销售过程的产权，并获得超额利润

超市负责西兰花销售环节，利用其渠道优势和品牌效应来提升西兰花的市场价值，并获取超额利润。例如，家乐福超市将大量专用性资产投资于销售渠道建设和品牌管理，提升了西兰花的溢价。一旦在销售上有了超额利润，超市还可以反过来在采购环节承诺更高的收购价格，进而对合作社和农户的生产经营行为提出更高要求，从而创造更多的合作剩余。

---

①　隐性知识是指未被表述出来的知识或难以言述的知识，例如，西兰花在当地环境条件下的种植技巧和需要注意的事项，以及农户对当地农村社区文化的认知。当地农户基本上都知道这些知识，但没有人以明确的书面或口头方式将其表述出来。

基于调查资料和上述分析，本书归纳出农户、合作社和超市三者之间有效的合作剩余分配机制（见表7－3）。

表7－3　　　　"农户＋合作社＋超市"模式中不同行为主体
之间的合作剩余分配机制

	信息获取能力的优势方面	风险控制能力的优势方面	产权分配情况	合作剩余的表现形式
农户	生产资料购买和使用	西兰花的质量安全	种植环节	高于市场销售价格的价格溢价
合作社	产品来源和销售价格	供应链中的交易关系	交易环节	社会关系资源带来的经济租金
超市	西兰花销售的成本和收益	市场信息和销售风险	销售环节	凭市场竞争优势获得超额利润

第三节　农户信息获取能力的影响因素

本小节将在上文分析的基础上，通过有序 Logistic 回归，分析农产品供应链中农户的信息获取能力的影响因素。

一　变量设置

在借鉴相关文献（李平等，2010；韦佳培等，2011）的基础上，本书选取以下可能影响农户信息获取能力的变量：

（1）户主性别。从分工角度看，男性农户一般从事较为繁重的生产和运输活动，女性农户一般从事较为轻松的加工或家务活动。因此本书假定，男性户主能更好地获取"从农田到城市的运输费用"的信息，女性户主能更好地获取"西兰花的加工或包装费用"和"城市消费者购买西兰花的价格"的信息。

（2）户主年龄。农户户主年龄越大，其学习能力和接受新事物的能力越差，加之其精力限制，导致其对信息的获取能力降低。因此本书假定，随着户主年龄的增大，农户获取"从农田到城市的运输费用""西兰花的加工或包装费用"和"城市消费者购买西兰花的价格"信息的能力将下降。

（3）户主是否为党员。党员一般具有较高的文化程度和较强的求知欲，这将使得党员农户具有更强的信息获取能力。因此本书假定，如果户主为党员，将导致农户获取"从农田到城市的运输费用""西兰花的加工或包装费用"和"城市消费者购买西兰花的价格"信息的能力增强。

（4）户主是否为村干部。村干部往往拥有较好的人脉资源，从而使其信息获取的渠道较多。同时，干部身份也会激励农户更好地去获取信息。因此本书假定，如果户主为村干部，将导致农户获取"从农田到城市的运输费用""西兰花的加工或包装费用"和"城市消费者购买西兰花的价格"信息的能力增强。

（5）户主文化程度。文化程度较高的户主相对于文化程度较低的户主，通常具有更强的信息获取能力，他们掌握的运输信息和加工信息也较多。不过，文化程度较高的户主，往往比较自信，通常不会关注消费者的购买行为。因此本书假定，户主文化程度越高，获取"从农田到城市的运输费用"和"西兰花的加工或包装费用"信息的能力越强，但获取"城市消费者购买西兰花的价格"信息的能力较弱。

（6）西兰花种植面积。当西兰花种植面积增大时，农户会更加关注西兰花运输、加工、销售等各方面的信息。因此本书假定，西兰花种植面积越大，农户获取"从农田到城市的运输费用""西兰花的加工或包装费用"和"城市消费者购买西兰花的价格"信息的能力越强。

（7）全家务农总人数。家庭拥有的农业劳动力越多，农户了解各方面信息的主动性更强，加之其获取信息的渠道的增多，将使得农户获取的信息增加。因此本书假定，全家务农总人数越多，农户获取"从农田到城市的运输费用""西兰花的加工或包装费用"和"城市消费者购买西兰花的价格"信息的能力越强。

（8）是否主要从事农业。从事农业将导致农户更关注农产品生产、加工、运输、销售等信息。因此本书假定，如果农户主要从事农业，农户获取"从农田到城市的运输费用""西兰花的加工或包装费用"和"城市消费者购买西兰花的价格"信息的能力将增强。

（9）对加工方式的认知。农户对农产品加工的意愿越强，越会想方设法地去搜集农产品加工和销售各方面的信息。因此本书假定，那些认为"自己加工更划算"的农户，往往会拥有更强的获取"西兰花的加工或包装费用"和"城市消费者购买西兰花的价格"信息的能力。

（10）亲友乡邻的信息交流。亲友乡邻的信息交流越多，可以更好地掌握"西兰花的加工或包装费用"信息。但由于信息交流平台受限于农村社区，其对农户获取"从农田到城市的运输费用"和"城市消费者购买西兰花的价格"信息能力的影响方向无法确定。

（11）"合作社未卖给超市"销售渠道。参与"合作社未卖给超市"销售渠道农户均是合作社社员，往往会得到合作社的信息共享。因此，如果农户参与"合作社未卖给超市"销售渠道，农户获取"从农田到城市的运输费用""西兰花的加工或包装费用"和"城市消费者购买西兰花的价格"信息的能力将增强。

（12）"经合作社卖给超市"销售渠道。参与"经合作社卖给超市"销售渠道的农户不仅会获得合作社的信息，还有可能获得超市的信息。因此，如果农户参与"经合作社卖给超市"销售渠道，农户获取"从农田到城市的运输费用""西兰花的加工或包装费用"和"城市消费者购买西兰花的价格"信息的能力将增强。

（13）是否在"农超对接"试点。"农超对接"试点往往会得到政府在各方面的扶持，包括更直接的信息传达、更完善的信息网络等。因此，如果农户在"农超对接"试点，农户获取"从农田到城市的运输费用""西兰花的加工或包装费用"和"城市消费者购买西兰花的价格"信息的能力将增强。

有关变量的含义及描述性统计结果见表 7－4。

表 7 – 4　　　　　　农户的信息获取能力的相关变量描述与统计

变量名称	代码	变量含义及赋值	均值	标准差	预期方向
因变量					
"从农田到城市的运输费用"的信息获取	Y_1	完全不知道 =1；有一点知道 =2；基本知道 =3；完全知道 =4	1.97	1.05	—
"西兰花的加工或包装费用"的信息获取	Y_2	完全不知道 =1；有一点知道 =2；基本知道 =3；完全知道 =4	1.55	0.83	—
"城市消费者购买西兰花的价格"的信息获取	Y_3	完全不知道 =1；有一点知道 =2；基本知道 =3；完全知道 =4	1.94	0.95	—
自变量					
户主性别	x_1	男 =1；女 =0	0.82	0.39	?
户主年龄	x_2	实际年龄	46.97	12.03	–
户主是否为党员	x_3	是 =1；否 =0	0.23	0.42	+
户主是否为村干部	x_4	不是 =1；曾经是 =2；是 =3	1.29	0.65	+
户主文化程度	x_5	不识字或初识 =1；小学 =2；初中 =3；高中或中专 =4；大专及以上 =5	3.05	0.91	?
西兰花种植面积	x_6	实际面积（亩）	16.65	23.64	+
全家务农总人数	x_7	实际人数（人）	2.38	1.12	
是否主要从事农业	x_8	从事农业时间占 50% 及以上 =1；从事农业时间小于 50% =0	0.74	0.44	+
对加工方式的认知	x_9	自己加工更划算 =1；自己只负责种植，由其他人加工更划算 =0	0.58	0.50	+
亲友乡邻的信息交流	x_{10}	非常少 =1；比较少 =2；一般 =3；比较多 =4；非常多 =5	2.97	1.27	?
"合作社未卖给超市"销售渠道	x_{11}	合作社未卖给超市 =1；其他 =0	0.29	0.45	+
"经合作社卖给超市"销售渠道	x_{12}	经合作社卖给超市 =1；其他 =0	0.11	0.31	+
是否在"农超对接"试点	x_{13}	是 =1；否 =0	0.26	0.44	+

二 有序 Logistic 模型构建

本书建立三个有序 Logistic 模型，分别分析农户获取"从农田到城市的运输费用""西兰花的加工或包装费用"和"城市消费者购买西兰花的价格"信息能力的影响因素。

当被解释变量的离散数值大于 2 时，必须考虑拟合被解释变量为多分类的回归模型。而当被解释变量又是有序数值时，研究时须采用有序概率模型。虽然有序 Probit 模型是近年来处理多类别离散数据时应用较广的一种方法，但在解释变量中分类变量较多的情况下使用有序 Logistic 模型更合适（张文彤，2004）。鉴于此，本书通过有序 Logistic 模型，分析影响农户获取"从农田到城市的运输费用""西兰花的加工或包装费用"和"城市消费者购买西兰花的价格"信息能力的因素。以 4 水平的被解释变量为例，假设被解释变量的取值为 1、2、3、4，相应取值水平的概率为 π_1、π_2、π_3、π_4，对 p 个自变量拟合的三个模型如下：

$$\text{Logit} \frac{\pi_1}{1 - \pi_1} = \text{Logit} \frac{\pi_1}{\pi_2 + \pi_3 + \pi_4} = -\alpha_1 + \beta_1 x_1 + \cdots + \beta_p x_p \tag{7.1}$$

$$\text{Logit} \frac{\pi_1 + \pi_2}{1 - (\pi_1 + \pi_2)} = \text{Logit} \frac{\pi_1 + \pi_2}{\pi_3 + \pi_4} = -\alpha_2 + \beta_1 x_1 + \cdots + \beta_p x_p \tag{7.2}$$

$$\text{Logit} \frac{\pi_1 + \pi_2 + \pi_3}{1 - (\pi_1 + \pi_2 + \pi_3)} = \text{Logit} \frac{\pi_1 + \pi_2 + \pi_3}{\pi_4} = -\alpha_3 + \beta_1 x_1 + \cdots + \beta_p x_p \tag{7.3}$$

与传统的被解释变量为二分类的 Logistic 回归相比，进行 Logit 变换的分别为 π_1、$\pi_1 + \pi_2$、$\pi_1 + \pi_2 + \pi_3$，即被解释变量有序取值水平的累积概率。根据式(7.1)、式(7.2)、式(7.3)可以分别求出 π_1、$\pi_1 + \pi_2$、$\pi_1 + \pi_2 + \pi_3$，再根据 $\pi_1 + \pi_2 + \pi_3 + \pi_4 = 1$，可以求出 π_4。

$$\pi_1 = \frac{\exp(-\alpha_1 + \beta_1 x_1 + \cdots + \beta_p x_p)}{1 + \exp(-\alpha_1 + \beta_1 x_1 + \cdots + \beta_p x_p)} \tag{7.4}$$

$$\pi_2 = \frac{\exp(-\alpha_2 + \beta_1 x_1 + \cdots + \beta_p x_p)}{1 + \exp(-\alpha_2 + \beta_1 x_1 + \cdots + \beta_p x_p)} - \pi_1 \tag{7.5}$$

$$\pi_3 = \frac{\exp(-\alpha_3 + \beta_1 x_1 + \cdots + \beta_p x_p)}{1 + \exp(-\alpha_3 + \beta_1 x_1 + \cdots + \beta_p x_p)} - \pi_1 - \pi_2 \tag{7.6}$$

$$\pi_4 = 1 - \pi_1 - \pi_2 - \pi_3 \tag{7.7}$$

三 计量结果分析

表 7-5 为农户信息获取能力影响因素的模型估计结果。模型结果显示，全家务农总人数、"经合作社卖给超市"销售渠道、是否在"农超对接"试点等变量显著影响农户获取"从农田到城市的运输费用"信息的能力；西兰花种植面积、是否主要从事农业、对加工方式的认知、是否在"农超对接"试点等变量显著影响农户获取"西兰花的加工或包装费用"信息的能力；户主性别、是否主要从事农业、对加工方式的认知、"合作社未卖给超市"销售渠道、是否在"农超对接"试点等变量显著影响农户获取"城市消费者购买西兰花的价格"信息的能力。

表 7-5　　　　农户信息获取能力影响因素的模型估计结果

	因变量："从农田到城市的运输费用"的信息获取		因变量："西兰花的加工或包装费用"的信息获取		因变量："城市消费者购买西兰花的价格"的信息获取	
	系数（标准误）	Wald 值	系数（标准误）	Wald 值	系数（标准误）	Wald 值
[信息获取能力=1]	1.060* (0.638)	2.761	2.214*** (0.718)	9.503	-0.194 (0.634)	0.093
[信息获取能力=2]	2.164*** (0.643)	11.334	3.530*** (0.728)	23.503	0.946 (0.635)	2.218
[信息获取能力=3]	3.344*** (0.652)	26.271	5.052*** (0.754)	44.838	2.989*** (0.654)	20.907
户主性别	0.010 (0.208)	0.003	-0.055 (0.230)	0.057	-0.346* (0.206)	2.819
户主年龄	0.000 (0.008)	0.000	-0.001 (0.008)	0.020	-0.004 (0.008)	0.228
户主是否为党员	0.207 (0.205)	1.015	0.151 (0.227)	0.442	0.060 (0.207)	0.086

续表

	因变量："从农田到城市的运输费用"的信息获取		因变量："西兰花的加工或包装费用"的信息获取		因变量："城市消费者购买西兰花的价格"的信息获取	
	系数（标准误）	Wald 值	系数（标准误）	Wald 值	系数（标准误）	Wald 值
户主是否为村干部	0.066 (0.133)	0.246	0.010 (0.149)	0.004	0.145 (0.133)	1.187
户主文化程度	0.044 (0.099)	0.199	0.059 (0.110)	0.287	-0.114 (0.099)	1.338
西兰花种植面积	0.004 (0.004)	1.428	0.008** (0.004)	4.658	0.000 (0.004)	0.007
全家务农总人数	0.151** (0.069)	4.737	0.106 (0.076)	1.966	0.027 (0.070)	0.153
是否主要从事农业	0.242 (0.193)	1.573	0.453** (0.222)	4.176	0.374* (0.194)	3.735
对加工方式的认知	0.258 (0.158)	2.645	0.473*** (0.177)	7.112	0.475*** (0.159)	8.915
亲友乡邻的信息交流	-0.005 (0.062)	0.006	0.111 (0.068)	2.652	-0.044 (0.062)	0.502
"合作社未卖给超市"销售渠道	0.297 (0.188)	2.503	0.267 (0.204)	1.714	0.330* (0.188)	3.079
"经合作社卖给超市"销售渠道	0.499* (0.264)	3.567	0.277 (0.293)	0.898	0.333 (0.266)	1.569
是否在"农超对接"试点	0.416** (0.176)	5.592	0.413** (0.191)	4.648	0.361** (0.177)	4.167
-2 倍对数似然值	1440.204		1109.729		1386.794	
卡方检验值	24.784 (Sig. = 0.025)		33.450 (Sig. = 0.001)		27.532 (Sig. = 0.011)	
Nagelkerke R²	0.046		0.065		0.051	

注：自变量系数下方括号内的数值为其标准误。*、**、*** 分别表示在10%、5%、1%的显著性水平上统计显著。

归纳三个有序 Logistic 计量模型的结果可以发现，影响农户获取信息能力的因素主要包括：①农业投入。具体包括"全家务农总人数""西兰花种植面积""是否主要从事农业"三个变量。②农户认知。具体指农户"对加工方式的认知"变量。③销售渠道。具体包括"'经合作社卖给超市'销售渠道"和"'合作社未卖给超市'销售渠道"两个虚拟变量。④政策环境。具体指"是否在'农超对接'试点"变量。

第四节　农户风险控制能力的影响因素

本小节将在上文分析的基础上，通过二元 Logistic 回归，分析农产品供应链中农户的风险控制能力的影响因素。

一　变量设置

在借鉴相关文献（赵肖柯和周波，2012）的基础上，本书选取以下可能影响农户风险控制能力的变量。

（1）户主性别。一般情况下，男性农户较之女性农户有更强的心理承受能力，加之农村社会对男性农户赋予更大的责任，因此本书假设，户主性别为男性的农户，具有更强的风险控制能力。

（2）户主年龄。随着年龄的增大，农户的劳动生产率和农业收入会有所降低，其对西兰花市场价格风险的承受能力将下降。因此本书假设，户主年龄越大，其风险控制能力越弱。

（3）户主是否为党员。党员一般是农村中文化程度较高的农户，其心理素质通常也比较好。因此本书假设，如果户主为党员，其对西兰花市场价格波动的承受能力越强。

（4）户主是否为村干部。村干部往往有比较好的人际关系网络，另外其干部身份也利于他（她）掌握市场销售信息。因此本书假设，户主为村干部的农户，具有更强的风险控制能力。

（5）户主文化程度。一般而言，户主文化程度越高，掌握的知识越多，会使其具有较强的应对风险能力。但文化程度越高的户主，由于其将更多的精力放在学习上，导致其往往缺乏真实市场的实践经验。因此本书假设，户主文化程度对农户的风险控制能力的影响方向无法确定。

（6）西兰花种植面积。西兰花种植面积越大，产生的规模效应会增强农户的市场谈判力，另外规模较大的农户往往也注意收集市场价格信息，因此会增强其风险控制能力。但是，随着种植面积和产量的增大，农户可能更加关注市场的销售情况，担心市场价格波动给其带来过大的损失。因此本书假设，西兰花种植面积对农户的风险控制能力的影响方向无法确定。

（7）全家务农总人数。家庭农业劳动力的数量越多，越可以分享西兰花的市场销售信息。另外，多人一起生产和销售，有利于帮助其抵御农产品供应链中的各种风险。因此本书假设，全家务农总人数越多，农户的风险控制能力越强。

（8）是否主要从事农业。如果农户以从事农业为主，他（她）越会在农业上投入更多的精力，并尝试了解各方面的销售情况，从而可以控制销售风险。但是，当农户以从事农业为主时，其绝大部分收入来源于农业，更加可能担忧西兰花的市场价格波动。因此本书假设，是否主要从事农业对农户的风险控制能力的影响方向无法确定。

（9）是否获得购销合约。无论是正式的书面合约，还是非正式的口头合约，购销合约都能让农户获得稳定的销售渠道和销售价格。因此本书假设，获得购销合约的农户，其风险控制能力越强。

（10）批发市场销售西兰花的价格信息。农户对批发市场的销售价格掌握得越清楚，越能在农产品销售过程中做到心中有数，从而有助于其抵御西兰花市场风险。因此本书假设，批发市场销售西兰花的价格信息对农户的风险控制能力具有正向影响。

（11）城市消费者购买西兰花的价格信息。农户对消费者的购买价格掌握得越清楚，越能在农产品销售过程中更好地议价，从而有助于其控制西兰花价格波动的风险。因此本书假设，城市消费者购买西兰花的价格信息对农户的风险控制能力具有正向影响。

（12）是否在"农超对接"试点。"农超对接"的试点往往会得到政府的政策扶持，甚至是资金支持，因此可以在一定程度上抑制西兰花的市场价格波动。因此本书假设，如果农户在"农超对接"的试点，其风险控制能力越强。

有关变量的含义及描述性统计结果见表7-6。

表7-6　　　　　农户的风险控制能力的相关变量描述与统计

变量名称	代码	变量含义及赋值	均值	标准差	预期方向
因变量					
农户的风险控制能力	Y	自己可以独立承受西兰花市场价格波动=1；自己不能独立承受西兰花市场价格波动=0	0.31	0.46	—
自变量					
户主性别	x_1	男=1；女=0	0.82	0.39	+
户主年龄	x_2	实际年龄	46.97	12.03	—
户主是否为党员	x_3	是=1；否=0	0.23	0.42	+
户主是否为村干部	x_4	不是=1；曾经是=2；是=3	1.29	0.65	+
户主文化程度	x_5	不识字或初识=1；小学=2；初中=3；高中或中专=4；大专及以上=5	3.05	0.91	?
西兰花种植面积	x_6	实际面积（亩）	16.65	23.64	?
全家务农总人数	x_7	实际人数（人）	2.38	1.12	+
是否主要从事农业	x_8	从事农业时间占50%及以上=1；从事农业时间小于50%=0	0.74	0.44	?
是否获得购销合约	x_9	获得书面或口头合约=1；没有获得书面或口头合约=0	0.37	0.48	+
批发市场销售西兰花的价格信息	x_{10}	完全不知道=1；有一点知道=2；基本知道=3；完全知道=4	2.20	1.04	+
城市消费者购买西兰花的价格信息	x_{11}	完全不知道=1；有一点知道=2；基本知道=3；完全知道=4	1.94	0.95	+
是否在"农超对接"试点	x_{12}	是=1；否=0	0.26	0.44	+

二 二元 Logistic 模型构建

本小节建立二元 Logistic 模型，分析农户的风险控制能力的影响因素。其中，因变量"农户的风险控制能力"的判定，依据的是农户是否自己可以独立承受西兰花市场价格波动。如果农户可以独立承受市场价格波动，则因变量 Y 赋值为 1，否则赋值为 0。

Logistic 模型又称为对数单位（Logit Unit）模型。设因变量 Y 为 0—1 型变量，且 $p(Y=1)=p$，其回归函数为：

$$logit\ p = \ln\frac{p}{1-p} = \beta_0 + \beta_1 x_1 + \beta_2 x_2 + \cdots + \beta_{12} x_{12} \qquad (7.8)$$

式中，x_1 为户主性别、x_2 为户主年龄、x_3 为户主是否为党员、x_4 为户主是否为村干部、x_5 为户主文化程度、x_6 为西兰花种植面积、x_7 为全家务农总人数、x_8 为是否主要从事农业、x_9 为是否获得购销合约、x_{10} 为批发市场销售西兰花的价格信息、x_{11} 为城市消费者购买西兰花的价格信息、x_{12} 为是否在"农超对接"试点。根据式（7.8）可得：

$$p = \frac{\exp(\beta_0 + \beta_1 x_1 + \beta_2 x_2 + \cdots + \beta_{12} x_{12})}{1 + \exp(\beta_0 + \beta_1 x_1 + \beta_2 x_2 + \cdots + \beta_{12} x_{12})} \qquad (7.9)$$

式（7.8）中 $\frac{p}{1-p}$ 又称为相对风险（或优势比率），它是所关注事件发生的概率与不发生的概率之比，β_i 称为 Logistic 回归系数。如果 $p > 0.5$，可以预测该事件发生，否则预测不发生。

三 计量结果分析

农户的风险控制能力影响因素的模型估计结果如表 7-7 所示。

表 7-7　　　农户的风险控制能力影响因素的模型估计结果

变量名称	系数（标准误）	Wald 值	Sig.
户主性别	0.271（0.251）	1.164	0.281
户主年龄	−0.009（0.009）	0.972	0.324
户主是否为党员	0.457*（0.243）	3.542	0.060
户主是否为村干部	0.088（0.153）	0.331	0.565
户主文化程度	−0.094（0.117）	0.638	0.424

续表

变量名称	系数（标准误）	Wald 值	Sig.
西兰花种植面积	−0.004（0.004）	0.951	0.329
全家务农总人数	0.007（0.084）	0.007	0.932
是否主要从事农业	0.129（0.229）	0.317	0.574
是否获得购销合约	0.412 **（0.200）	4.255	0.039
批发市场销售西兰花的价格信息	0.219 **（0.101）	4.700	0.030
城市消费者购买西兰花的价格信息	0.161（0.110）	2.142	0.143
是否在"农超对接"试点	0.360 *（0.208）	2.982	0.084
常数项	−1.669（0.753）	4.913	0.027
−2 倍对数似然值	686.010		
卡方检验值（Chi - square）	31.723		
伪决定系数（Nagelkerke R^2）	0.075		

注：*、**、***分别表示在10%、5%、1%的显著性水平上统计显著。

（1）户主性别对农户的风险控制能力具有正向影响，但结果未通过显著性水平的统计检验。这一结果说明，男性户主较之女性户主具有更强的风险控制能力，原因可能是男性户主有更好的心理承受能力，也有更多的机会接触到销售市场。之所以计量结果不显著，可能是因为样本农户中男性农户的比例（81.5%）过高，无法更好地反映性别差异带来的影响。

（2）户主年龄对农户的风险控制能力具有负向影响，但该结果也没有通过显著性水平的统计检验。这一结果说明，随着户主年龄的增大，户主的风险控制能力减弱，这可能是与由于年龄增大导致的劳动率下降和收入减少有关。之所以计量结果不显著，可能是年龄较大的农户具有的经验，在一定程度上可以帮助其抵御市场风险。

（3）户主是否为党员对农户的风险控制能力具有正向影响，且该结果通过了10%显著性水平的统计检验。这一结果说明，党员身份带来的模范效应和学习效应，让农户可以很好地控制西兰花市场价格波动带来的风险。

（4）户主是否为村干部对农户的风险控制能力具有正向影响，但该结果未通过显著性水平的统计检验。这一结果说明，村干部身份带来的人脉资源和信息资源，有利于帮助农户抵御市场风险。计量结果之所以不显著，可能是当遇到市场价格波动的风险时，村干部作为一个村庄的主要负责人，成为首先遭受风险冲击的对象。

（5）户主文化程度对农户的风险控制能力具有负向影响，但该结果未通过显著性水平的统计检验。产生这一结果的原因可能是文化程度越高的户主，由于其将更多的精力放在学习上，导致其往往缺乏市场一线的实践经验。计量结果之所以不显著，可能是户主文化程度的提高，让其拥有一定的专业知识，从而应对市场风险。

（6）西兰花种植面积对农户的风险控制能力具有负向影响，但该结果未通过显著性水平的统计检验。这一结果说明，由于种植面积较大的农户拥有较高的西兰花产量，其面临的西兰花市场价格波动的风险更大，计量结果之所以不显著，可能是面积扩大带来的规模效应，可以帮助农户提高销售过程中的谈判地位，一定程度上缓解市场价格波动带来的风险。

（7）全家务农总人数对农户的风险控制能力具有正向影响，但该结果未通过显著性水平的统计检验。这一结果说明，家庭农业劳动力越多，他们之间的共享信息和共同销售，让农户的风险控制能力增强。之所以计量结果不显著，可能是农户的风险控制能力，更多的是受农户自身特征的影响，与全家务农总人数的关系不大。

（8）是否主要从事农业对农户的风险控制能力具有正向影响，但该结果未通过显著性水平的统计检验。这一结果说明，以从事农业为主的农户会更关注西兰花的市场价格情况，从而可以较好地控制风险。之所以计量结果不显著，可能是当农户主要从事农业时，其缺乏其他的收入来源，此时对西兰花市场价格波动更为敏感。

（9）是否获得购销合约对农户的风险控制能力具有正向影响，且该结果通过了5%显著性水平的统计检验。这一结果充分说明，购销合约为农户种植的西兰花提供了稳定的销售渠道，消除了西兰花的市场价格波动对农户的影响，从而显著提高了农户的风险控制能力。

（10）批发市场销售西兰花的价格信息对农户的风险控制能力具

有正向影响，且该结果通过了5%显著性水平的统计检验。这一结果充分说明，当农户清楚地知道批发市场的价格信息时，不仅农户的议价能力得到提升，而且还为农户新增了一条可供选择的销售渠道，因此农户的风险控制能力显著提高。

（11）城市消费者购买西兰花的价格信息对农户的风险控制能力具有正向影响，但该结果未通过显著性水平的统计检验。这一结果说明，农户知道的城市消费者购买西兰花的价格信息越多，农户越能更好地控制市场价格波动的风险。计量结果之所以不显著，原因可能是城市消费者与农户之间并不是直接的交易关系，故城市消费者的购买价格信息对农户的风险控制能力影响不大。

（12）是否在"农超对接"试点对农户的风险控制能力具有正向影响，且该结果通过了10%显著性水平的统计检验。这一结果充分说明，"农超对接"试点带来的政策效应，让农户可以获得更好的销售保障，同时政府的资金支持，一定程度上平抑了西兰花市场价格波动的风险，从而让农户的风险控制能力显著提高。

综上所述，影响农户的风险控制能力的因素主要包括：①农户身份。具体指"户主是否为党员"变量。②购销合约。具体指"是否获得购销合约"变量。③市场信息。具体指"批发市场销售西兰花的价格信息"变量。④政策环境。具体指"是否在'农超对接'试点"变量。

第五节　本章小结

本章基于调研数据，发现信息获取能力和风险控制能力对"农户+合作社+超市"模式中相关主体之间的合作剩余分配具有重要影响。有效的合作剩余分配安排应是，农户负责西兰花种植环节，并获得高于市场平均销售价格的价格溢价；合作社负责交易环节，并获得社会关系资源带来的经济租金；超市负责销售环节，并获得凭市场竞争优势带来的超额利润。

通过将相应的产权分配给信息最充分、风险控制能力最强的一方，使得农户、合作社和超市获取了多少不一的合作剩余。合作剩余的创造和分享使得三方都有积极性维持这种共赢模式。

在理论分析的基础上，进一步通过有序 Logistic 计量模型发现，影响农户的信息获取能力的因素主要包括：①农业投入；②农户认知；③销售渠道；④政策环境。另外，利用二元 Logistic 模型发现，影响农户的风险控制能力的因素主要包括：①农户身份；②购销合约；③市场信息；④政策环境。

第八章 "农超对接"合作的潜在问题及澳大利亚超市案例的启示

在第七章对"农超对接"合作中的分配问题进行分析的基础上，本章首先通过农户调查数据，对"农超对接"合作中存在的其他一些潜在问题进行探讨。其次，利用澳大利亚 Woolworths 超市和 Coles 超市经营有机农产品的案例，尝试指出"农超对接"合作的未来出路。

第一节 "农超对接"合作的潜在问题

一 由谁来组建农民专业合作社

农户与超市对接的过程中，需要以合作社作为中介。合作社不仅能扩大农产品的供货规模，提升农户与超市议价过程中的谈判地位；同时也能让超市更好地掌握农户的生产情况，缓解农产品供应链中的信息不对称导致的交易损失。前文已述，"农户 + 合作社 + 超市"模式也是商务部极力推广的一种"农超对接"模式（姜增伟，2009）。农户问卷调查过程中，在被问及"您认为谁有能力组建农民专业合作社（最多选 3 项）"时，样本农户中回答最多的是"种植大户"，占全部样本农户的 33.7%；然后依次是乡村干部（32.8%）、农业技术推广人员（21.9%）、乡镇企业老板（18.0%）、批发商（8.1%）、其他人员（4.5%）（见表 8 - 1）。

尽管农户调查问卷结果显示，很多人都有能力组建农民专业合作社。然而，调查中发现，这些合作社中不乏"翻牌"的合作社。它们仅是办理了合作社的注册手续，并未执行规范的合作社经营管理制度，也没有按照《农民专业合作社法》实行盈利分配。在对样本农户中的 227 位合作社社员问及"您是否知道合作社的经营账簿"时，回答"完全知道""基本知道""有一定了解"的农户人数仅分别为 13 户、30 户、91 户，另有 93 户"完全不知道"合作社的经营账簿。由此可见，许多投机分子只是借合作社的空壳攫取农户的利益。事实上，有些合作社理事长就被社员称为"老板"，合作社也被视为其牟取个人利益的公司。

表 8 - 1　　　　　　农民专业合作社组建方式的问卷调查结果

您认为谁有能力组建农民专业合作社（最多选 3 项）	人数（百分比）
种植大户	195（33.7%）
批发商	47（8.1%）
乡村干部	190（32.8%）
农业技术推广人员	127（21.9%）
乡镇企业老板	104（18.0%）
其他人员	26（4.5%）

二　如何实现农产品的物流配送

"农超对接"的过程中，由于一些中小超市尚不具备农产品物流配送方面的条件，因此超市大多会要求农民专业合作社提供物流配送，将农产品从产地送往超市的物流配送中心。然而，合作社落后的物流配送能力与农产品长距离配送之间依然存在矛盾。对合作社负责人的访谈过程中发现，一些合作社的负责人由于以前做过中间商，因此确实具备一定的物流配送经验，但另一些合作社的负责人则缺乏将农产品运送到外地市场的经验。农户调查问卷的结果显示，当被问及"您是如何将农产品运送到销售地点（单选）"时，样本农户中问答最多的是"让中间商上门托运"，占全部样本农户的 48.2%，其次是"自己托运"（44.7%）、"委托合作社托运"（3.1%）、"请物流公司运送"（2.1%）、"其他方式"（1.9%）（见表 8 - 2）。

表8-2 农产品物流配送方式的问卷调查结果

您是如何将农产品运送到销售地点（单选）	人数（百分比）
自己托运	259（44.7%）
让中间商上门托运	279（48.2%）
请物流公司运送	12（2.1%）
委托合作社托运	18（3.1%）
其他方式	11（1.9%）

农户问卷调查结果表明，在农产品物流配送方面，样本农户大多还采用较为传统的物流方式，以往经验表明，这种传统的物流方式将导致蔬菜20%—30%的损耗率。而美国和澳大利亚等国则采取的是冷链物流技术，即在蔬菜预冷后通过低温冷藏车运输，这种物流技术能将蔬菜损耗率降至5%以下。也许，利用专业农产品物流公司的运输将成为今后与超市对接的合作社的一种主要选择。特别是在过去10年物流产业迅速发展的背景下，利用专业的农产品物流公司进行冷链配送更是完全成为可能。

三 怎样完成与超市的货款交易

超市与合作社的交易过程中，往往会采取延期付款或银行转账的方式。然而，农户问卷调查发现，在被问及"您能接受以下哪几种付款方式（多选）"时，样本农户中能接受"延期15天后现金付款"、"银行转账等非现金形式付款"两种付款方式的比例仅分别占22.1%、43.5%（见表8-3）。原因是一些农户在以前延期付款的交易中受到过欺骗，不愿意再采用赊账的交易方式。而超市采取的银行转账方式，同样面临着一定的结算周期，这让一些习惯现金交易方式的农户难以接受。调查中发现，全部的样本农户都希望超市采取"一手交钱、一手交货"的付款方式，觉得现金交易"简单、方便、踏实"。

由此可见，要提升"农超对接"的合作效率，超市付款方式的改变不可避免。可喜的是，针对中国农村的背景，一些超市已经改变了付款方式，以满足农户和合作社的需求。例如物美超市采取的就是在合作社直接结算的方式，结算周期由双方共同商定，此举消除了合作社的资金流风险。另外，一些超市还会酌情考虑向合作社支付一些预付款，让合作社有资金完成农产品的采购和物流配送过程。

表 8 - 3　　　农产品付款方式接受程度的问卷调查结果

您能接受以下哪几种付款方式（多选）	人数（百分比）
延期 15 天后现金付款	128（22.1%）
银行转账等非现金形式付款	252（43.5%）
一手交钱、一手交货	579（100%）
其他方式	11（1.9%）

第二节　澳大利亚超市的案例分析①

遵循理论、统计分析、个案"三角结合"的原则，本节利用澳大利亚 Woolworths 超市和 Coles 超市经营有机农产品的案例，分析一些难以定量化、需要结合事物背景来说明农产品供应链中的竞合关系。同时期望借鉴澳大利亚超市和供应商之间合作中的经验与教训，为中国"农超对接"模式今后的发展指出可能的方向。

一　超市经营有机农产品的现状

在澳大利亚，Woolworths 和 Coles 两家本土超市巨头占据了在澳大利全国 70%—75% 的食品零售市场份额（Woolworths 大约占 42% 的市场份额，Coles 大约占 32% 的市场份额），它们在 2010 年销售额合计达到 770 亿澳元。其中，Woolworths 是澳大利亚最大的超市集团，它

① 本小节内容是笔者 2011 年 3 月至 2011 年 8 月期间在澳大利亚国立大学（ANU）访学时调研所得。

于 1924 年起开展超市零售业。目前，Woolworths 已经拥有超过 700 家的门店，员工总数达 17 万人（2011 年）。Coles 是澳大利亚第二大超市集团，它于 1914 年开始开展超市零售业，早在 20 世纪 70 年代初，Coles 已经在澳大利亚每个州的首府建立了其门店网络。现在，Coles 拥有超过 500 家的门店，员工总数达 10 万人（2011 年）。有数据显示，Woolworths 超市集团的盈利能力在全球食品零售商中位居第四。Coles 超市集团的盈利能力在全球食品零售商中位居第七或第八位①。

悉尼大学农业经济系的副教授 Michael Harris（2011）指出，"21 世纪农业发展面临的两个关键挑战，一个是保障农产品的数量安全，以减少世界饥饿和贫困的人口；另一个是提高生产高质量且消费者负担得起的产品的能力，以满足人们不断提高的产品需求"。

对于澳大利亚这样一个特别重视食品安全和环境友好的国家，在追求高质量农产品方面，它已经不满足于普通的农产品，甚至是无公害农产品和绿色农产品，而是追求对生产要素和食品添加剂的使用要求最为严格的有机农产品。

尽管澳大利亚的超市相比于其他一些发达国家的超市，进入有机农产品零售市场的时间较晚，直到 20 世纪 90 年代初，Woolworths 和 Coles 超市才开始经营有机农产品，但 Woolworth 和 Coles 超市制定了详细的有机农产品发展战略规划，并凭借其在农产品零售市场的强大号召力及市场营销手段，很快建立起一个持续发展的有机农产品市场。两家超市巨头不仅俘获了澳大利亚消费者对传统农产品的大部分消费，它们也控制了消费者对有机农产品的需求。目前，有机农产品成为两家超市农产品供应链中发展最快的产品种类之一，有机农产品在超市的销售品种也不断增加。Woolworths 超市集团经营的农产品品种从最初的罐装蔬菜、水果汁、生面团、麦片粥等，逐步增长到（当然不止）胡萝卜、南瓜、西兰花、甜玉米、鳄梨、土豆、桃子、生姜、葡萄和菠萝。它们或是以 Woolworths 的超市自主品牌销售，或是以原有加工商的品牌销售。Coles 超市的有机农产品经营业务发展也

① "Shoppers Win in Grocery War", *The Australian Financial Review*, Jan. 2011.

同样非常迅速，目前 Coles 经营的有机农产品品牌主要包括坚果、豆类蔬菜、咖啡、茶、面粉、果汁、生面团等，其中在 Coles 超市销售的有机农产品中，有 1/3 为生鲜蔬菜和水果。另外，Coles 超市经营的有机农产品都会以 "You'll love Coles" "George J. Coles" 的超市自主品牌销售。

目前，两家超市占据了澳大利亚有机水果、蔬菜、家禽和奶制品市场一半以上的市场份额。一位市场调查人员指出，Woolworths 和 Coles 超市之所以对经营有机农产品表现出浓厚的兴趣，并不断扩大有机农产品的市场份额，是因为有机农产品符合超市"经营高质量产品，为顾客创造价值"的企业形象。同时，国家优质农产品的发展战略、超市目标客户群体的消费偏好也对超市经营有机农产品的行为产生了重要影响。

在澳大利亚，Woolworths 和 Coles 超市成功迎合并在一定程度上引领了消费者对有机农产品不断增长的需求。一项调查表明，超过40% 的澳大利亚消费者已经开始购买有机农产品，尤其是一些家庭妇女在为家庭选购农产品时，更是将有机农产品作为食品采购的主要目标。从澳大利亚全国情况看，在白领和年轻人居多的社区，Coles 超市的有机农产品生意往往较好。另外，Woolworths 超市的工作人员也指出，购买有机农产品的消费者大多是关心个人健康和营养，并且愿意在食品消费上支付更多的人。在维多利亚州的 Richmond 地区和 Collingwood 地区，以及新南威尔士州的 Bondi 海滨和 Broadway 地区，这里大多由中高收入人群组成，他们尤其欢迎有机农产品。一家具有很高有机农产品销售额的 Coles 门店的经理指出，在 Coles 超市购买有机农产品的消费者，他们典型的心态是"希望花钱买到精致的产品"。

有机农产品需求的增长，也带动了有机农产品生产规模扩大和品种种类的增加。Woolworths 和 Coles 超市为了更好地吸引消费者。不仅增加了有机农产品的可选择品种，还纷纷推出一些超市的自主品牌，以抢占更多的有机农产品市场份额。Woolworths 和 Coles 超市都坚信，消费者更喜欢在他们熟悉且正规的超市中，购买各种高质量且品质稳定的有机农产品。因此，一些有机农产品的品牌逐渐为消费者所接受，消费者也愿意为一些有机农产品品牌支付更高的价格。于是，超市的贴牌运动开始盛行，以满足消费者对超市品牌产品的需求。另外，通过在有机农产品上附上品牌的标签，也可以让超市获得更多的有机农产品的溢价。

除了打造有机农产品品牌，超市还在有机农产品的成本和价格上大做文章。Coles 超市的每家门店都有自主权，尽管 Coles 超市列举了一系列有机农产品的清单，且这些农产品大多可以在澳大利亚全国境内采购到，但各家超市门店会根据当地消费者人群结构，包括消费者对有机农产品的认知以及支付意愿等，决定上货架的有机农产品的种类和数量。另外，超市的管理层也会鼓励各个门面销售包括生鲜蔬菜和奶制品等在内的、被认为是"经济安全"的农产品。一般而言，超市会避免销售一些地域特产或高价格有机农产品，而让专业的有机农产品经销商去经营这些可能只会满足少数高端客户需求的有机农产品。这种经营策略能让 Woolworths 和 Coles 符合它们的定位，成为物有所值（"Value for Money"）的有机农产品零售商。

二　超市经营有机农产品对供应商的影响

澳大利亚的农产品问题专家 David Mckinna（2011）指出，超市在供应链中拥有过于庞大的权力，甚至可以做到一些澳大利亚政府都无法完成的事情，这对于整个食品供应系统的发展是个损害。随着超市进入有机农产品零售市场，超市对有机农产品的生产者和加工商产生的巨大影响开始凸显。

为了确保有机农产品的质量和安全，Woolworths 和 Coles 超市采取直接从生产者和加工商处采购的方式，规避了中间商、批发商、经销商等其他一些之前存在于传统农产品供应链中的主体。在直接采购过程中，Woolworths 和 Coles 超市都制定了详细的有机农产品标准，包括质量标准、数量以及价格说明等。有机标准主要包括农业生产规范，其中包括回避人工合成的化学药品、化肥、转基因有机体（GMOs）的使用。另外，有机原则还强调食品中的高营养成分，以及对环境保护、动物福利以及家庭农场条件的关注等。关于质量，Coles

超市不仅提出要满足普通有机农产品的要求，同时还要求有机农产品需要符合一定的大小、颜色等标准。另外，所有的农产品不仅要满足国家有机农产品的标准，还必须获得澳大利亚国家检疫检验机构（AQIS）具有公信力的证书。超市只会采购有证书的有机农产品，有些时候，超市甚至会执行一些额外的标准，包括 HACCP 和 Eurep - GAP 标准。这些标准制定和认证程序，提高了 Coles 超市经营的有机农产品的质量和标准化程度，从而让超市在有机农产品供应链中建立起超市声誉。

对于一部分有机农产品生产者而言，超市的有机农产品采购使其获得稳定的销售渠道，并使其市场风险降低。但对于另一部分有机农产品的生产者而言，超市进入有机农产品市场并未使他们的市场风险减少。例如，Coles 超市和生产者的购买合约中规定，Coles 超市要求生产者提供符合超市特定要求的有机农产品。如果未达到要求，Coles 超市可以拒收该生产者的有机农产品，而拒收的损失，将由生产者自己承担。这种购买合约的安排意味着尽管 Coles 超市能用非常经济有效的方法，从生产者那里采购到符合超市需求的有机农产品，但生产者在有机农产品交易中面临的市场风险，与传统农产品供应链中生产者遭遇的市场风险并无二致。

自从引入这种购买合约后，Coles 超市减少了与其对接的有机农产品供应商的个数，超市集中于从几个规模较大的供应商那里采购。只有当指定供应商无法满足其采购要求时，Coles 超市才会从批发商那里采购有机农产品，并且只是很小的一个比例。这种集中化的趋势，使得小规模有机农产品供应商不得不寻找其他的销售渠道。那些为超市供应链供货的有机农产品供应商，由于面临着购买合约引发的一系列经济和社会压力，他们似乎也会利用多样化的销售渠道，以满足其销售有机农产品的需要。调查发现，一些有机农产品供应商对于有机农产品的销售保留一定的自主权，以抵消超市采购量减少的损失。比如，直接在农田销售或者其他一些当地销售的方式，提供了有机农产品销售的可选择渠道。

与 Coles 超市不同的是，Woolworths 超市会从批发商那里采购一定比例的有机农产品。当然，Woolworths 超市的有机农产品供应商面临与 Coles 超市的供应商相同的市场风险，如果其生产的有机农产品不能满足 Woolworths 超市的标准，同样会遭到退货的损失。

除了制定严格的采购标准，超市巨头还会通过将供应商的商标，转换为超市自主商标的做法，攫取供应商的有机农产品品牌的溢价。在澳大利亚，Coles 超市试图说服当地唯一的罐装菠萝供应商"Golden Circle"公司将产品打上超市品牌，但遭到了供应商的直接回绝。Golden Circle 公司不希望此举稀释它的产品溢价，或者降低它优质农产品供应商的形象。针对这种情况，Coles 和澳大利亚其他超市直接从泰国和印度尼西亚进口罐装菠萝，最终迫使"Golden Circle"公司同意以超市品牌销售其生产的产品。

超市巨头对供应商带来最大影响的行为，是 Coles 超市掀起的一场价格战。为了追求市场份额，2010 年至 2011 年间，Coles 超市通过降价引发了一场价格战的浪潮。Coles 超市首先将超市品牌的牛奶价格从每公升 1.5 澳元，降至每公升 1 澳元，降幅达 33%。接着，Coles 超市对超市品牌的面包价格从每长条 2.75 澳元，降至每长条 1 澳元，降幅高达 63%。Coles 超市将降价作为超市"降价运动"（Down Down Prices are Down Campaign）的一部分。Coles 超市声称希望此举能提升顾客的消费者剩余。事实上，Coles 超市的降价举措，确实使得它在与其主要竞争对手 Woolworths 超市的激烈交锋中赢取了更多的市场份额。降价让 Coles 超市的顾客猛增，过去两年间，光临 Coles 超市食品和酒水部门的消费者从每周 200 万人次，猛增至 1500 万人次。当然，这个数字仍然落后于 Woolworths 超市，该超市食品和酒水部门的消费者达到每周 1850 万人次。作为回应，Woolworths 超市也承诺对一些主要农产品，如牛奶和面包等，采取一定的降价措施，以保持产品价格上的竞争力。

超市价格战的行为给农户和加工商带来了巨大的压力。尽管超市声称，它们降价的产品主要是一些超市品牌的产品。然而，一些食品加工商，如 George Weston Foods 和 Goodman Fielder 这些供给超市品牌产品的加工商，声称自己遭遇严重的超市降价压力。由此可见，这场超市的价格战虽然让消费者获得了更便宜的食品，但它却损害了供应商的经济利益。但由于 Woolworths 和 Coles 超市在农产品销售渠道中的强势地位，有些供应商没有其他选择，只能默默接受超市强制规定的采购价格。一些食品加工商或是关门大吉，或是搬迁到远郊地区。

当然，Coles 超市和 Woolworths 超市的价格战也激怒了一些供应商，他们开始报复超市的价格战行为，一些供应商开始暂停向超市供应他们的产品。供应商的代表指出，将产品撤出超市是为了保护这些品牌形象和品牌资产。因为产品创新和品牌打造都是需要投入的，超市的降价行为将会使这些产品的研发投入减少，进而会影响到产品以后的销售。

供应商的撤货风波，让 Woolworths 和 Coles 超市失去了稳定且充足的有机农产品的供应。事实上对于两家超市而言，包括有机农产品在内的价格战，早已使两家超市面临恶性竞争的循环。为此在 2011年，Woolworths 超市 19 年来第一次调整了全年的预期收益，从原先的8%—11% 的年增长率，下调至 5%—8% 的年增长率。Coles 超市也承认正在进行的价格战，让它无法承受一些经营的高成本，导致它和Woolworths 超市都很难维持利润的增长。显然，通过降价赢得市场份额是容易的，但这种方法是无法持久的，它不仅会降低生产者和加工商的获利前景，也会损害整个农产品供应链的利益和有机农产品供应商的品牌形象。

虽然 Woolworths 和 Coles 超市一直具有支持国内的有机农产品生产者和加工商的行为。如 Coles 超市的市场部经理 John Durkan 就指出："超市对于一些自主品牌商标，如牛奶商标，往往会支付比传统批发商更高的收购价格。Coles 超市价格的降低，主要来自其经营效率的提升，而不是对食品加工商的价格压榨。"但过高的降价幅度，多少挤压了整个有机农产品供应链的溢价。诚如 *The Australian Financial Review* 的一位评论家所言："如果 Coles 超市以一个较好的价格提供优质的有机农产品给消费者，那么就不会有这么多的麻烦。"

三 超市经营有机农产品面临的挑战

尽管 Woolworths 和 Coles 超市在农产品销售渠道中处于强势地位，但它们并未完全垄断产品零售市场，两家超市巨头仍然面临 IGA、Harris 农场等独立的零售企业的竞争。正如 Harris 农场的主席 Catherine Harris 所言，她并不需要跟随大超市的做法。Harris 农场有 1000 名左右的雇工和 22 家门店，它具有小企业的灵活性和特色，通过利用最新的产品生产和加工技术，经营最受市场欢迎的热销农产品。同时，它还保留了传统的家庭农场经营方式，并建立了相互影响的社区网络，过去 10 年间 Harris 农场的年均增长率达到 10%。

与此同时，一些国际超市集团也开始进入澳大利亚零售市场。2001 年，德国最大的超市运营商 ALDI 也开始进军澳大利亚，目前 ALDI 占到澳大利亚零售市场份额的 2%。此外，在新南威尔士州和维多利亚州，还有庞大的中心市场，如墨尔本的 Victoria 市场，这些地区的中心市场运转得很好，它们也为小农户的交易提供了有益的平台。

超市价格战的经历已经表明，成本和价格的降低固然有利于超市在短期内赢得更多的市场份额，但并不能使超市获得持续的竞争优势。Woolworths 和 Coles 超市的负责人显然也意识到了这一点，Coles 超市的市场部经理 John Durkan 认为，不是超市的食品定价以及标签超市品牌减少了加工商的利润，而是在澳大利亚高昂的运营成本导致加工商的回报率偏低。因此，Coles 超市需要在经营模式上寻求降低成本的方法。

花旗集团（Citigroup）也指出，Woolworths 盈利依靠的是不断降低的经营成本，而不是提高销售价格。Woolworths 从 20 世纪 80 年代早期开始，就开始建立起"生鲜食品供应商"（Fresh Food People）的企业形象。同时，Woolworths 投入巨大的资源，建立起与传统种植户之间的直接联系，以期通过这种"农超对接"方式得到高质量生鲜农产品。特别是"一站式"（One Touch）原则的引入——生产者将他们种植的农产品进行包装，然后直接放上板条箱并运送到超市，最后直接陈列在超市的农产品专柜上。此举避免了多余的中间环节，最大化了"农超对接"的效率。如今,"一站式"原则也被应用到有机农产品供应链中。也许,不断提升的有机农产品的溢价(如对健康和环境的关注等),以及不断降低的农产品的交易成本,才是超市经营有机农产品的生存之道。

第三节 案例启示

通过对澳大利亚 Woolworths 超市和 Coles 超市经营有机农产品的案例进行分析,可以得到以下启示:

第一,通过农产品的质量提升和准确的市场定位,可以迎合并引领市场需求,进而获取更多的农产品溢价。

Woolworths 和 Coles 超市的案例表明,在农产品供应链中创造合作剩余的重要方式是提高农产品的附加价值。农产品价值的高低不是由生产者决定,而是由消费者决定的。因此,一定要理解和迎合大多数消费者的需求,将更多的消费者剩余留给消费者。

第二,尽管销售价格非常重要,但超市依靠压榨供应商的购销价格的做法将导致农产品供应链的合作无法持续。

超市的发展需要供应商的配合,Woolworths 超市和 Coles 超市的价格战表明,压缩成本固然可以在短期内增加市场份额,但失去了供应商的支持,超市也无从获得农产品的溢价。只有建立有效的利益共享和风险共担机制,才能让每个相关主体的行为更有效率。

第三,在农产品供应链的合作中,相比于降低生产成本,降低合作的交易成本更为重要。

超市与供应商本质上是相互依存的共生关系,超市真正的竞争对手不是农户和加工商,而是其他的超市以及其他的农产品销售渠道。其中,"最后一公里"的成本过高是损害农产品供应链中合作绩效的根源,只有降低供应链下游的经营成本以及相关主体之间合作的交易成本,才能最大化农产品供应链中不同主体之间的合作绩效。

第九章 农产品供应链融合的研究结论与政策启示

第一节 研究结论

本书基于在山东、海南和浙江三省的调查数据,以西兰花从种植到销售全过程为例,利用方差分析、OLS、2SLS、二元 Probit 模型、有序 Logistic 模型、数据包络分析等方法,分析了"农超对接"进程中农户、合作社、超市之间的合作绩效和合作剩余分配情况。主要结论有以下五点。

第一,"农户 + 合作社 + 超市"模式不仅提高了农产品自身的溢价,还提高了农产品供应链中相关行为主体之间的合作绩效。

本书第三章基于 Porter 的竞争优势理论和 Nelson 对产品品质属性的划分,建立了农产品市场价值影响因素的分析框架。分析发现农户、合作社和超市三者之间的有效合作,成功实现西兰花的质量提升和成本控制,进而提高了西兰花的溢价。此外利用 Schumpeter 的创新理论和方差分析方法,发现"农户 + 合作社 + 超市"模式还通过产品品质创新、生产方法创新、产业组织创新、销售市场创新,在农产品供应链中创造了大量的合作剩余。

第二,对于西兰花一类的劳动密集型的特色农产品,"农户 + 合作社 + 超市"模式能使其种植户的亩均销售净收入显著提升。

本书第四章建立农户亩均西兰花净收入影响因素的计量模型,利用 OLS 和 2SLS 方法,发现销售渠道对农户亩均西兰花净收入具有显著影响。其中，农户亩均西兰花净收入由低到高依次是：小商贩渠道、加工企业订单、合作社未卖给超市、批发商渠道、经合作社卖给超市（即"农户＋合作社＋超市"模式）。另外，户主是村干部、每年接受培训次数增加、市场需求信息的可获得性提高等对农户的亩均西兰花净收入具有显著的正向影响，户主年龄增加、西兰花种植面积增加、完成销售所需的运输距离增加等则对农户的亩均西兰花净收入有显著的负向影响。

第三，在制度环境和技术环境的共同作用下，"农户＋合作社＋超市"模式会诱致农户更多地采取安全生产行为和质量加工行为。

本书第五章借鉴诱致性技术变迁和制度变迁理论，发现"农户＋合作社＋超市"模式采用精深加工技术提高农产品质量，可以在市场竞争中建立比较优势。同时，该模式构建农产品安全管理制度的做法，符合制度环境"合法性"的要求。本书第六章，通过建立二元 Probit 回归模型，分析发现销售渠道、全家务农总人数、农药购买方式对农户采取安全生产行为具有显著的正向影响，西兰花种植面积、农药成本、化肥投入量对农户采取安全生产行为具有显著的负向影响。通过建立二元 Logistic 回归模型，分析发现销售渠道、户主每年接受培训次数、全家务农总人数、农户对加工价格的预期、农户对加工方式的认知、产品加工配套设施等因素显著正向影响农户对西兰花的质量加工行为。

第四，"农户＋合作社＋超市"模式约束了农户自由调节生产要素使用的权利，但这种约束和规范有利于实现优质安全农产品的溢价。

本书第五章还对"不通过合作社销售""合作社未卖给超市""经合作社卖给超市"三种渠道的技术效率和经济效率进行 DEA 分析。发现"经合作社卖给超市"销售渠道（即"农户＋合作社＋超市"模式）尽管技术效率不是最高，但该渠道的经济效率是最高的。另外 DEA 测算发现在三种销售渠道下，农户采取安全生产行为和质量加工行为，均能够在不同程度上提高农户种植西兰花的综合效率。

第五，信息获取能力和风险控制能力影响不同行为主体之间的合作剩余分配，使得农户、合作社和超市分别获得价格溢价、经济租金和超额利润。

本书第七章借鉴产权理论，发现合作剩余的产权分配须满足参与约束和激励相容约束两条原则。有效的合作剩余分配安排应是，农户负责西兰花种植环节，并获得高于市场平均销售价格的价格溢价；合作社负责交易环节，并获得社会关系资源带来的经济租金；超市负责销售环节，并获得凭市场竞争优势带来的超额利润。最终，通过将相应的产权分配给信息最充分、风险控制能力最强的一方，使得农户、合作社和超市获取了多少不一的合作剩余。进一步通过有序 Logistic 计量模型分析发现，影响农户的信息获取能力的因素主要包括：①农业投入；②农户认知；③销售渠道；④政策环境。另外，利用二元 Logistic 模型分析发现，影响农户的风险控制能力的因素主要包括：①农户身份；②购销合约；③市场信息；④政策环境。

第二节　政策启示

第一，考虑到农民专业合作社在"农户＋合作社＋超市"模式中的重要作用，应当扶持和规范农民专业合作社的发展，积极创造有利条件引导合作社加入"农超对接"进程。

在农产品供应链的合作中，相比于降低生产成本，降低合作的交易成本更为重要。本书研究表明，"农户＋合作社＋超市"即为农产品供应链中一种有效地降低交易成本的模式。三者之间的稳定合作，既可以降低农产品交易的不确定性，又能让双方进行专用性资产的投资。因此，应进一步加大对"农户＋合作社＋超市"模式的扶持力度。这对于提升农产品供应链中相关主体的分工与合作效率、降低农产品供应链"最后一公里"的经营成本，都具有重要的实践价值。最终，通过国家政策的有利引导、农产品供应链中相关主体的高效合作、农产品销售渠道的良性竞争，可以不断提高中国农产品供应链的竞争能力。

第二，应在不影响国家粮食安全的前提下，大力发展劳动密集型的特色经济作物。

中国农业的总体特点是人多地少，本书的研究已经证明，发展劳动密集型的特色农产品，有利于实现中国农民的增收。当前中国种植类的农民专业合作社，大多经营蔬菜和水果，这类农产品都属于典型的劳动密集型农产品，产品品质和功能差异很大，市场需求弹性和发展空间大。因此，在中国当前农村的社会经济条件下，利用产品品种创新，经营蔬菜、水果及一些特色农产品，可以在国内和农产品出口市场中，获得差别化带来的农产品的溢价。当然，这类农产品相对于粮食作物和一般经济作物，种植面积相对较小，另外这类特色农产品的市场需求量也有一定限制，由此导致受益农户的数量有限。

第三，应提高农民的安全生产技术水平和质量加工技术水平，并为农民提供更多的农产品市场信息服务。

中国农民的特点不仅是人多地少，更重要的是高素质劳动者的不足。考虑到安全生产和质量加工对于提高农产品市场价值的重要作用，应当进一步加大对农村地区公共教育和培训的力度，对农民进行人力资本投资。可以采用宣传车、墙报张贴、电化教育等多种方式深入村庄和田头，提高农户对安全生产重要性的认识。同时，通过定期举办生产技术培训班和技术辅导员培训班，宣传农产品质量管理知识，帮助农户提升生产经营过程中的科技附加值。另外，考虑到农产品市场需求信息在引导农民和合作社做出合理的生产和经营决策方面的重要作用，应在充分利用农村报纸、广播、电视等现有宣传工具的基础上，进一步发展信息技术，实现农产品供应链中相关主体之间信息共享。

第四，通过集约化生产、标准化管理、产业化经营等方式，创造一批在国内外市场中具有影响力的地理标志农产品。

从可持续发展角度，资源节约型和环境友好型是未来农业发展的趋势。应鼓励农户多使用绿色农药和有机肥，以替代高毒农药和无机化肥的使用，使其种植的蔬菜在"优质优价"的超市生鲜农产品市场中更具竞争力。同时，应制定一套完整的农产品种植、加工的技术规程。如品种选用与生产季节安排、合理轮作与密植、田间肥水管理、综合病虫害防治技术等，通过标准化程序降低管理成本。此外，加快农村非农产业的发展步伐，在劳动密集型或高附加值农业部门中创造多样化的就业机会，通过不断延伸农产品的产业链条，逐步引导农民获取农业产业化带来的农产品的增值收益。

第五，在农产品供应链中建立有效的利益共享和风险共担机制，以维系相关行为主体之间的稳定合作。

考虑到合作剩余分配对于实现组织公平和合作绩效的重要作用，应在农产品供应链中建立合理的合作剩余分配机制，使人力、物力和智力资源在不同的行为主体之间实现有效配置，农产品市场供需信息得到有效利用，并通过明晰的产权界定实现"激励相容"，从而让交易各方都有积极性维持这一合作模式。

第三节　进一步研究方向

由于资料掌握有限，加之作者精力和能力的限制，本书还有不少值得进一步深入研究的地方，其中主要包括以下三点：

第一，从研究内容而言，本书仅针对西兰花一种蔬菜进行分析，未涉及其他的蔬菜及特殊农作物品种，更没有分析粮食作物和一般经济作物。因此，本书的结论是否能推广到其他农作物品种还有待商榷。这需要其他研究"农超对接"的学者对更多的农产品做出实证研究，才能综合评价"农超对接"的效率。此外，本书研究仅限于"农户＋合作社＋超市"模式这一种主要的"农超对接"模式，其他一些"农超对接"模式，如"农户＋龙头企业＋超市"模式、"生产基地＋超市"等，还有待其他的相关研究。本书的研究结果只能说明"农户＋合作社＋超市"模式是农产品供应链中合作模式的一种改进，但绝不能说是最优的，更精确的合作绩效评价需要考虑更多的制度环境因素，如《农民专业合作社法》和《食品安全法》的实施、商务部和农业部对"农超对接"的支持，以及其他一些制度环境的变化等。

第二，从研究数据而言，本书的问卷调查对象仅限于西兰花种植户，由于财力和社会资源的限制，对于合作社和超市仅采取深度访谈的方式，没有进行结构化的定量分析。而本书主旨是分析农户、合作社和超市三者之间的分工与合作关系，未能收集到大样本的合作社和超市数据，以匹配农户调查问卷的分析结论，不能不说是本书的一大遗憾。另外，本书的农户问卷数据仅为2010—2011年的横截面数据，导致许多社会经济环境因素的变化对"农超对接"的影响无法进行分析。因此，缺乏对社会经济环境因素的控制，本书对"农户+合作社+超市"模式合作绩效的比较研究难免有不精确之处。

第三，从研究方法而言，本书对许多变量的选择还存在需改进之处。例如，在通过DEA测算单个农户的技术效率和经济效率时，本书仅用农户使用的农药、化肥、有机肥三种主要生产要素的数量和成本作为投入变量，而由于单个农户的劳动投入测量的复杂性，本书未考察农户劳动的投入，而我们知道，劳动投入是一种重要的投入，特别是对于西兰花这类劳动密集型农产品，农户采取不同的生产和加工方式，所投入的劳动时间是不同的。由此导致本书的结果存在不精确之处，结果仅反映了农户的安全生产行为和质量加工行为对效率的影响方向，更精确的研究需要对劳动投入等其他变量进行准确的界定。

第三部分 食品安全

第十章　中国食品安全管理的机制设计

人们都希望吃到安全卫生的食品，关心自己消费的食品是否会对身体健康造成危害。因此，如何保障食品从开始播种到消费者餐桌上的全过程中的安全，已成为"三农"领域的重要问题。

现代食品安全问题是人类自身经济活动发展的必然结果。回溯到原始社会的自然经济时期，当时的农业尚不发达，食品供应基本上全部由农户自己完成，从农业生产资料的供应到农畜产品的种植和饲养，再到简单的食品加工，整个过程没有农药化肥等各种化学污染，也没有加工及运输污染。此外，在这种以自给自足为特征的经济社会中，生产者与消费者合二为一，因此也不存在发生制造假冒伪劣产品这种机会主义行为的可能。

从这个意义上讲，食品安全问题作为一个社会及经济问题的存在，是随着食品经济系统的复杂化而产生并随其发展而发展的。在如今的商品经济社会中，食品供给的链条越来越长、环节越来越多、范围越来越广，这些因素都增加了食品安全信号产生和传递的难度，加大了食品风险发生的概率。

世界各国都十分关注食品安全问题，这种关注是由过去10余年连续出现的食品业的丑闻所引起的，即使是被认为食品质量安全水平最高的美国，仍然不断出现食品安全事件。在中国，随着北京"福寿螺"、上海"多宝鱼"、海南"香蕉"等问题事件的相继发生，食品安全监管也再次引起了社会的广泛关注。食品质量安全是一个"从农场到餐桌"的系统工程，除经济因素外，还受社会、生态、文化、政治等因素的影响。

食品安全问题成因复杂，近年来中国重大食品安全事件频发，还是说明现有食品安全管理制度的失效，重构食品监管制度刻不容缓。

第一节　监管制度构建是基石

一　监管制度约束生产者行为

食品安全事件发生之后，社会上展开了生产者道德的大讨论，"道德侏儒"固然可耻，但从另一个角度看，任何生产者都是"理性的经济人"，追求约束条件下的利益最大化，他们只是在现有的监管体系中，进行了最"优"选择。食品安全问题虽然是生产者的机会主义行为，但本质却缘于监管制度的不完善。

二　监管制度保障消费者信心

食品安全问题本质是食品质量的信息不对称和逆向选择所致。由于食品安全信息难以获得，消费者只能依托检测部门的认证，节约信息的获取成本。然而，作为国家"中国名牌"和"国家免检品牌"爆发食品安全问题，又让消费者陷入信息迷茫中。因此，保障消费者信心的基础就是建立透明的信息追踪制度。

三　监管制度构建长效机制

食品安全事件的相继发生，标志着现有制度没有从本质上治理食品安全。专项整治行动、修订生产标准、完善检测方法等治理手段，并不具备长效机制。此外，由于人力、物力、财力的限制，不可能通过严格检测发现所有潜在问题，因此，重新构建一个公正完备、协调高效、权责明晰的监管制度刻不容缓。

第二节　现有监管制度的缺陷

一　食品信息系统效率低

在食品信息获取方面，表现为认证机构提供的信息没有信号价值。中国现有认证机构分散，很多认证机构自身信誉都无法衡量，而且多数机构重认证、轻监管，没有对信息进行有效核查。

在食品信息处理方面，表现为有效信息缺乏和信息隐藏。公布的信息没有经过加工处理，也没有实时更新，造成消费者选取、辨别食品信息的困难。另外，一些信息颁布部门基于自身利益和公关形象的需要，检测信息不对外公布或延迟公布，错过了处理危机的最佳时机。

在食品信息使用方面，表现为缺乏合适的反馈与投诉渠道。检测机构与销售点距离通常较远，消费者维权的成本高，而消费者的采购量较少，维权的收益低。基于这种预期使得消费者没有充分利用食品信息。

二　多部门管理造成政府失灵

多部门联合监管理论上每个部门对自身业务比较熟悉，通过分工，可以实现整个供应链"全过程无缝监管"。但实践中存在明显缺陷：第一，由于部门间的信息不对称，很难界定各个部门工作质量。第二，部门间协调不足：一方面，一些区域的重复检测，企业疲于应付各种检查；另一方面，一些区域存在管理空档，也没有行政主体对失察行为承担最终责任。第三，存在本位主义和"搭便车"的心理，监管部门偏好管理一些规范企业，而在不规范企业的监管上相互卸责，造成多部门监管效率低下。

三　监管手段有偏差

第一，一些部门为了保护自身利益，采取盲目审批认证、地方保护主义等形式获取"灰色收入"。

第二，执行"以罚代管"方式的成本高。中国生产者以小厂商居多，生产空间分散，检测到单个行为人往往是不经济的。另外，质检部门在执法中面临生产经营者的极力反抗，使得执法无法长期坚持。

第三节　食品安全制度的文献综述

North（1990）认为制度是人为制造的限制，用以约束人们的互动行为。它既包括正式的制度（诱导性制度），如正式条例、法律规章、政策等，也包括非正式的制度（自主性制度），如行业规范、道德准则、惯例等。制度一旦建立之后，就会对人们的行为产生影响，即"路径依赖"。青木昌彦（2001）用社会域、经济域、政治域之间的共时相关性分析了不同主体间的博弈行为，认为危机的出现可能是制度内在属性所衍生出的，如制度内部累积性导致权力、资产和角色分配发生变化；也可能缘于外部环境的变化，如创新的出现、经济交换域的扩大等。

食品安全管理必然需要制度的引导和规范。然而现有文献中，从制度角度分析食品安全管理的并不多。本章分别从食品安全管理制度、食品安全治理机制、食品安全控制体系三个维度对其进行梳理。

在食品安全管理制度方面，Antle（1996）及 Caswell 和 Mojduszka（1996）分析了市场机制下的食品安全管理，并认为合适的信息披露制度，包括产品质量认证体系、标签管理、法律规章的制定等能够有效地控制食品安全。然而，Ritson 和 Li（1998）却认为，由于食品安全的公共品属性，以及食品风险的信息不对称性，仅依靠市场经济机制不可能控制安全。为此，Unnevehr（1999）和 Antle（2001）分别对食品安全监管制度的成本—效益进行了分析。王兆华等（2004）对美国、加拿大、日本和欧盟等在食品安全监管制度方面的情况进行了评述。王耀忠（2006）也从外部诱因角度分析了食品安全监管中的制度变迁，并指出食品安全监管作为一种典型的社会管制，与经济管制是两种不同性质的管制。周德翼等（2008）对食品安全管理逻辑进行了剖析，认为与食品安全的信用品属性相比，政府监管工作的信用品属性更加明显，由此导致监管部门行为的逆向选择，并且监管部门越多，部门监管的积极性越差。李先国（2011）对发达国家食品监管制度的特点以及成功经验进行了归纳，并对中国食品安全监管制度的问题进行了分析。胡颖廉（2011）认为中国各地区食品安全监管的执法力度存在巨大差距，为此中央政府应该发挥更积极的作用，同时提高监管执法的效率。曾蓓等（2012）回顾了1978—2011年中国食品安全规制的政策调控历程，发现中国食品安全规制的内生性调控政策在行政性规制政策、经济性规制政策和社会性规制政策方面均存在一定的不足，而外生性调控政策也存在多元主体共同治理框架缺失的问题。

对于食品安全的治理机制，Baron（1989）、Chambers（2002）均认为如果仅从短期或静态角度分析其收益和成本，可能会对真实成本做出错误估计，从而无法发现最优管制方案。Hennessy 等（2001）分析了农产品供应链中领导企业在食品安全监管中的作用及其治理机制。Vetter 等（2002）认为纵向合作机制可以有效降低食品监管成本，并在一定程度上解决食品市场中的道德风险问题。Ménard 等（2004）指出欧美农产品供应链中的协作日益紧密，并通过一体化方式控制食品安全。汪普庆等（2009）通过比较不同组织模式对食品安全监管的作用，也认为供应链的一体化程度越高，其产品的质量安全水平越高。何坪华等（2009）以食品价值链为研究对象，认为打破不安全食品价值链，改善厂商的信用环境，是激励食品企业建立质量安全信誉机制的关键。刘任重（2011）以博弈论为分析工具，通过引入罚金、公众满意度等变量，对企业间重复博弈机制进行考察，认为奖励与政府监管搭配使用可以有效管理食品安全。

食品安全控制体系方面，从 20 世纪 70 年代开始，发达国家逐步采取以质量管理、风险分析和预防性控制为主的方法。美国率先执行全面质量控制（TQC）计划，并使之成为正式体系。20 世纪 90 年代，许多国家开始执行以 HACCP（危害分析与关键控制点）为主的控制方法，从自愿到强制，从试点到全面推广，目前 HACCP 已被公认为是科学的食品安全标准体系。Jin 等（2008）对中国浙江省 117 家农产品加工企业采纳 HACCP 的情况进行分析，发现企业规模偏小、管理者受教育程度低、市场缺乏有效的质量监管体系等因素制约了企业采纳 HACCP 体系。21 世纪以来，为了建立有效的信息传递机制，各国又纷纷推行追踪制度以增强食品安全信息的透明度。施晟等（2008）从供应链的角度归纳了追踪制度中信息传递的问题，并对政府建立食品安全追踪制度的现状进行了分析。周洁红（2007，2011）则对食品安全追溯制度在蔬菜种植中的采纳情况进行了实证研究，发现农产品供应链中存在一些影响农户和供应商采纳追溯制度的因素。

第四节 食品安全治理机制的经济分析

以上文献都对本书研究具有重要参考价值。然而，结合中国的社会文化和经济背景，利用经济学有关原理分析食品安全制度，目前成果非常少。本章利用产权分析、博弈分析、比较制度分析等方法，演绎食品安全管理的内在机理。

一 安全防范机制

中国食品的主要问题是安全问题而非质量问题，解决食品安全问题的重点是控制供应链中的机会主义行为。

食品安全鉴定的是某个食品能不能吃，其指标是否危害人的健康。食品质量鉴定的是某个食品好不好吃，其水平决定于消费区域和消费群体。当前中国食品产业面临的主要问题与发达国家不同，发达国家虽然也有机会主义导致的食品安全问题，但是大量事件还属于食品质量问题的范畴。发达国家社会诚信度高，生产的标准化程度高，生产规模大，一旦出现安全事故，生产者的损失巨大，所以生产者都有很强的风险意识和品牌意识。中国社会还处在信用社会的过渡阶段，机会主义行为十分普遍。尽管相关法律规定生产者必须生产安全食品。但是食品安全属于信用品，鉴别食品需要高昂的信息成本和足够的安全知识，而这往往是消费者不具备的。因此，当质检部门检测不严时，生产者就会有积极性使用投机行为，以达到降低生产成本、改进外观和增加产量的目的。因此，中国食品安全管理的重点应该是防范为了牟利需要的机会主义行为。

二 三方管理机制

中国的食品安全管理面临着市场和政府的"双重失灵"，亟须第三方监管维持市场秩序。

食品安全问题是随着食品系统的复杂化而产生并扩大的。由于食品市场中的信息不对称及其导致的逆向选择，单纯依靠价格机制难以实现安全食品供需的均衡。相对于市场来说，政府进行食品安全管制的成本更低，但在现实中政府部门也存在监管失效的现象：第一，政府部门具有监管食品安全、保障食品供给、控制预算支出、保障农户收入等多项工作，有些工作在目标上相互矛盾，当其他目标的测量相对容易时，有关部门可能会在监管质量上达成妥协。第二，有些政府部门由于受到自身声誉维护和地方保护主义等因素的影响，时常会隐藏信息。近年来大量的食品安全事件，由质检部门率先披露出来的只占很少一部分，绝大多数是由于出现了安全事故，被新闻媒体首先报道出来的。第三，由于人力、物力、财力限制，使得它们在监管方面专业化程度有限，加之各个部门的质量考核成本高，一些部门可能会规避责任，随意颁发一些安全食品标识，而这些标识并不具备信号功能。因此，对于一个承受着市场和政府"双重失灵"的社会而言，第三方监管的合法性变得至关重要。

三　双重认证机制

"政府＋市场"双重认证机制的信息传递效率，高于"政府主导"的单一认证机制。

以"政府主导"的单一认证机制存在诸多弊端：第一，认证机构的产生主要来源于垄断，没有讲究信誉的市场激励；第二，认证机构是否讲究信誉的长期收益或成本都为社会所分担，削弱了认证机构讲究信誉的积极性；第三，没有独立的信号显示机制，认证机构与监管机构同属于政府部门，执法容易受到利益和关系的制约。相反，"政府＋市场"的双重认证机制则能够打破认证的垄断局面：第一，商业认证机构较之垄断部门，往往更专业化，认证机构之间的市场竞争也能促进认证机构不断地改进其知识水平。第二，双重认证机制下，政府监管的压力相对较小。政府将部分监管职能授权给商业认证机构，"证实"或"担保"的风险由认证机构来承担，政府只需发挥"证伪"的作用，这样可以减少政府信用损失的风险。因为，"证伪"即发现企业有问题容易，"证实"企业没有问题却相对较难。第三，双重认证机制下，消费者的认知负担小。消费者只需要认证机构的信誉和产品的认证情况即可，不需要了解具体的安全知识，从而利用认证机构的知识来节约消费者的知识。因此，通过认证机构的学习和创新、政府的公正监督和消费者的选择机制，可以有效降低安全信息获取成本。

四 市场需求机制

市场需求是食品安全管理的重要动力，恢复食品市场秩序的关键是创造"优质优价"的制度环境。

生产者的食品安全控制行为，是在与外部环境适应和互动过程中自发产生的结果。因为对于生产者而言，食品安全管理的实施，不仅需要相应的物料成本（如信息系统）、人力成本（如教育）以及运营成本，同时还暴露了食品供应链中存在的问题，而这正是当事人想极力掩盖的。在这种情况下，生产者不仅没有积极性实施安全管理，反而有积极性隐藏或伪造生产信息。然而，一旦市场产生对质量和安全的检测压力，相关主体就会有积极性进行食品安全管理，将安全产权最终传导到生产源头。因此，政府要为"优质优价"提供制度环境，惩罚投机行为，通过可置信威胁，使生产劣质食品成本高于优质食品成本，从而改变生产者行为选择。一旦外部环境产生对质量安全的诉求，例如新闻媒体监督，食品供应链就会自动加强食品安全管理。

五 终端监控机制

单一部门进行食品安全监管的效率高于多个部门，选择供应链末端监管的效率高于源头监管。

多个部门分段监管的模式下，各部门之间的监管责任划分困难，绩效考核成本高，由此可能导致部门之间的机会主义行为。同时，每个部门分别监管其管辖的区域，会使食品安全管理的知识分散在不同部门，并可能存在重复检测导致资源浪费、相互推诿导致管理空档等后果。相反，一体化监管则可以有效整合全部的管理资源，有利于安全知识的学习积累，并在整个供应链中选择最有效的监测点。对于供应链中监测点的选择，源头监管虽然可以借用农村社区力量，但是，由于农户在空间上比较分散，信息获得成本还是很高。另外由于时间和运输的因素，其新鲜度和质量都会下降，最终检测结果还需要终端市场的"二次检测"，造成重复检测的浪费。与源头相比，终端监管更容易获取最真实的数据：第一，食品供应链条越来越长，加大了食品风险发生的概率，只有通过终端检测，才能确保食品的最终安全；第二，供应链终端通常相对固定，如果出现安全问题更容易找到相关责任人；第三，终端监管可以使安全信息为消费者所知晓，从而借助市场力量增强安全食品供给的激励。

六　责任追溯机制

食品安全管理系统的核心是产品标签和生产档案，系统的"追溯"和"跟踪"功能具有不对称性。

食品信息系统主要包括产品标签和生产档案两部分。产品标签如条码信息，主要标识生产者和经销商。生产档案则类似于一个数据库，主要查询原料投入和生产操作过程。两个部分相辅相成，产品通过加贴条码，就能根据条码信息追查到产地的纸质表格或电子数据库，并通过生产档案查询到产品各项信息。完全的食品安全管理系统具有追溯（逆向溯源）和跟踪（顺向召回）的双重功能，发达国家十分强调跟踪与召回功能，主要是减少意外事件发生后对社会造成的损失。与之相比，中国企业更有积极性实施追溯，因为追溯往往比较容易实现，通过溯源可以找到相关责任人，减轻企业自身的损失；而跟踪则需要较为复杂的操作。另外，实施召回意味着企业将面临更大的损失，所以企业没有积极性去实施跟踪，除非客户自己追溯回来。

七　社区连坐机制

小农经济的国情下，基于以合作组织为基础的食品安全管理是既经济又可行的治理模式。

合作组织类似一个联保制度，组织内成员享有共同的声誉，承担集体连带责任。尽管在生产数量上组员各自拥有完全清晰的产权，但是合作组织拥有质量和安全的产权。一旦有了集体责任，组内成员便有积极性监督并揭发机会主义分子，而让观察成本相对较低的组内成员行使监督的权力，可以有效节约信息的收集成本和传输成本。此外，合作组织还可以充分利用当地人的社会资本。有的企业选择以合作组织为单位进行管理时，往往给予合作组织的领导者较高的报酬，领导者因而有积极性监督，通过对农村社区中人品的观察有效地对小农的生产行为进行控制，从而利用组织内的社会关系网络降低发现投机者的成本。当然，社区连坐机制的使用，需要与市场需求机制相配合。只有当安全食品在市场中获得高价格，并且组员能够分享到食品质量提升所获得的溢价时，集体惩罚机制才可能实施。如果无法形成有效的溢价产生与分配机制，组员将脱离合作组织。

八　重复博弈机制

相对固定的供应链关系，食品安全管理的成本相对较低。

食品安全管理经常牵涉到对农户生产行为的监督。例如，有的组织规定农户购买生产资料的渠道和种类，有的组织要求农户记录生产操作过程，还有些组织甚至代购生产资料，直接干预农户的生产。在这种情况下，相对固定的供应链关系，食品安全的监督成本相对较低，因为当事人为了合作的长远利益，愿意抵制投机行为的诱惑。此外，食品质量安全的控制，通常伴随着一个可能的惩罚机制，如对违规者终止一段时间的收购等。这种惩罚机制在随机采购关系下通常无法满足，只有在相对稳定的供应链关系下才可能实施。因此，中国食品安全管理的重要机制是在农户、合作组织、经销商等主体之间建立一种稳固且长期的交易关系，将一次性博弈行为转化为多次重复博弈。

第五节　中西结合的食品安全管理制度构建

基于上述食品安全治理机制的经济分析，本章在结合发达国家食品安全管理经验的基础上，尝试构建中国未来可能的食品安全监管制度。

一　多重信号生成的信誉制度

第一，建立质检部门的信誉机制。只有在质检部门自身有信誉的条件下，才能给予被监管者以信誉。要建立质检部门的信誉，必须要授予监管者所拥有信誉的完全产权，即建立食品安全监管权力和责任对等的制度。

第二，在事前检测制度方面，应建立竞争性认证市场，使得消费者原来对产品的信任，转移为对认证机构的信任，从而以认证机构的知识克服消费者的有限理性。认证机构可以选择独立的信息提供机构，也可以是政府自身提供信号，但为了避免"寻租"行为，必须引入市场竞争机制，使得进入和退出认证市场都是自由的。

第三，在食品供应链中，建立高效的食品信号显示和传递机制，节约信息的获得成本。消费者福利取决于信息的经济性，因此消费者需要的不是更多而是更少的信息。应通过 HACCP、GAP、GMP、可追踪系统等机制，有效地将需要的信号和噪声区分开来。

第四，在事后问责机制方面，应完善反馈与投诉渠道，保障消费者的维权信心。通过建立类似于发达国家消费者协会这样的常设机构，降低消费者的维权费用，从而借助消费者和市场的力量，强化食品供应链中的信誉制度。

二　明晰权责界定的监督制度

针对食品安全监管中"政府失灵"的现象，关键是建立监管控制权和收益获取权对等的机制。相比财产权利界定，监管权利界定的难度更大、成本更高。为此，除了克服有关质检部门维护自身利益的本位主义，还要克服盲目审批认证、地方保护主义等获取"灰色收入"的权力"寻租"行为。

另外，有必要建立一体化的监督制度。质检部门一体化监管较之多部门监管，可以清晰地界定食品安全产权，所有的资源会得到更有效的利用，并且能在供应链中选择适当的控制点。目前，许多发达国家的质检部门都采取一体化的监管方式，整合提高了安全管理的效率，包括法律规章的一致性、各部门责任更清晰、执行的时效性更强以及人力成本的节约等。美国的食品安全虽然是多部门管理，但它不是按照环节分段管理，而是按照品种进行分类管理并承担全责，在这样的制度下，几乎所有食品质量都控制得比较好，也印证了一体化监管的高效性。

三　利益风险共享的激励制度

首先，应该在农产品供应链中，积极发展利益共享、风险共担的紧密型生产合作组织。通过包括固定收入（工资或年薪）、风险收入（奖金或股票）、远期收入（股票期权或退休金计划）的多元化收入结构，对生产经营者实施激励，从而有效控制委托—代理中的机会主义行为。其中关键是要让农户和中间商分享到农业产业化过程中增值环节的收益，真正形成生产、加工、营销的一体化。

其次，应利用农村社区结构和农业合作组织进行"适度"监管。可以采取连坐机制、合约机制、网络机制等一系列途径，节约信息的获取成本。同时，社区或组织出于利益和信誉的考虑，也会利用自身在供应链中的优势，通过内部知识和重复博弈等机制有效地解决因不确定性、投机行为以及小数现象等造成的监管困境，降低食品安全监管成本。

第六节　食品安全的结论与启示

食品安全管理制度的核心，是信誉制度、监督制度、激励制度三者的协调。其中，信誉制度的关键是保证信息发布机构自身的信誉，同时保障食品安全信息的高效传递；监督制度的关键是给予监管者所拥有权责的完全产权，避免本位主义和权力"寻租"的行为；激励制度的关键是建立稳定关系的农产品供应链，同时发展经济利益共享的产业化组织。

食品安全管理需要多重相互关联的制度。每一种制度都有各自的优势，任何一种制度都可以实现食品安全。每一种制度也都有自身的缺陷，单独使用的边际成本剧增。一个低成本的治理机制，在于实现各种制度的互补。最终，质检部门、经销商、生产者相互间的行动选择形成均衡，使得食品安全管理的人力、物力、财力资源达到有效配置，食品质量安全信息得到有效利用，食品安全的监管控制权和剩余索取权符合激励相容（见图 10 - 1）。

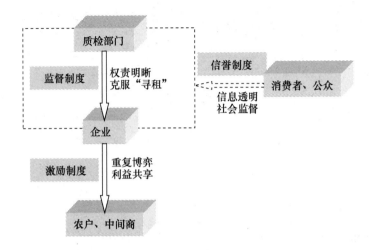

图 10 - 1　食品安全管理的制度构建

附　录

调查问卷

问卷编号：_____

调查地点：_____市_____县（区）_____镇_____村

调查日期：_____年_____月_____日

调查人员：_____

您好！我们是浙江大学管理学院的研究生。此问卷用于了解"农超对接"对农户的影响。感谢您接受我们的访谈，所有内容将被严格保密并仅用于学术研究，您的个人信息不会以任何形式在任何地方出现，请您根据实际情况回答。

第一部分：农户特征

1. 户主性别：（1）男；（2）女。

2. 户主年龄：_____岁。

3. 户主是否为党员：（1）是；（2）否。

4. 户主是否为村干部：（1）不是；（2）曾经是；（3）现在是。

5. 户主文化程度：（1）小学以下；（2）小学；（3）初中；（4）高中或中专；（5）大专及以上。

6. 户主每年接受培训的次数：_____（次）。

7. 上一年西兰花种植面积：_____（亩）。

8. 西兰花品种：_____；播种日期：_____；销售日期：_____。

9. 是否主要从事农业：（1）从事农业时间占50%及以上；

（2）从事农业时间小于50%。

10. 全家总人数：_____（人），全家务农总人数：_____（人）；在外务工人数：_____（人）。

11. 上一年家庭全年总收入为_____（元），其中全年农业收入为_____（元）。

12. 您家每个月的食品花费为_____（元）。

第二部分：生产特征

13. 选择种植西兰花的主要原因是（单选）：（1）经济收益较高；（2）市场前景较好；（3）种植和管理容易；（4）政府扶持。

14. 种植西兰花是否享受政府扶持：（1）是；（2）否。扶持的内容是：_____。

15. 您觉得西兰花种植中是否存在自然风险（自然因素的不确定性造成的损失）：（1）是；（2）否。

如果是，风险程度如何：（1）风险不大；（2）风险比较大；（3）风险非常大。

16. 您现在使用的种植方法是如何学会的（可多选）：（1）自己的经验；（2）种植大户；（3）农技推广人员；（4）合作社；（5）超市或加工企业；（6）农业协会；（7）政府农业培训；（8）书籍、电视、网络；（9）亲友乡邻；（10）其他_____。

17. 种子成本：_____（元）。

18. 您是否考虑更换西兰花的种子：（1）是；（2）否。原因_____。

19. 农药次数：_____（次/年）；农药成本：_____（元）。

20. 农药名称：_____；施药日期：_____。

21. 农药购买方式：（1）家庭单独购买；（2）数家联合购买；（3）全部到指定销售点购买。

22. 农药购买地点：（1）个体户；（2）农技部门；（3）合作社（或超市）要求的指定地点；（4）其他地点_____。

23. 您购买农药时最关心什么（可多选）：（1）病虫害防治效果；（2）价格便宜；（3）农药毒性低或残留低；（4）是否符合技术标准

上的要求；（5）什么都不关心。

24. 化肥成本：_____（元）；化肥投入量：_____（斤）。

25. 有机肥成本：_____（元）；有机肥投入量：_____（斤）。

26. 其他生产要素成本：_____（元）；其他生产要素投入：_____（斤）。

27. 固定资产费用：_____（元）；固定资产名称：_____。

28. 经营费用：_____（元）；经营项目名称：_____。

29. 西兰花销售收入：_____（元）；西兰花产量：_____（斤）。

30. 您在西兰花生产经营中面临的主要问题（最多选3项）：

（1）运输不方便；（2）销售渠道不稳定；（3）不能及时了解市场价格情况；（4）不了解消费者对产品的需求和喜好；（5）自己缺乏生产、加工、冷藏等技术；（6）急需资金周转时，常常被动接受低的收购价格；（7）缺乏组织合作与协调：（8）其他：_____
_____。

31. 家中由谁决定如何种植：（1）我自己；（2）家中其他人；（3）大家一起商量。

32. 如果由家中其他人决定，那么其性别：（1）男；（2）女。年龄_____岁。文化程度：（1）小学以下；（2）小学；（3）初中；（4）高中或中专；（5）大专及以上。

第三部分：加工和运输特征

33. 您是否采用产品分级行为：（1）是；（2）否。如果是，每天时间_____小时。

34. 您是否采用切割预冷行为：（1）是；（2）否。如果是，每天时间_____小时。

35. 您是否采用清洗包装行为：（1）是；（2）否。如果是，每天时间_____小时。

36. 您对加工价格的预期：（1）价格基本没变化；（2）价格提高0—50%；（3）价格提高50%—100%；（4）价格提高100%以上。

37. 您对加工方式的认知：（1）自己加工更划算；（2）自己只负责种植，由其他人加工更划算。

38. 产品加工配套设施情况：（1）非常差；（2）比较差；（3）一般；（4）比较好；（5）非常好。

39. 储藏和运输的基础设施情况：（1）非常差；（2）比较差；（3）一般；（4）比较好；（5）非常好。

40. 您是如何将西兰花运送到销售地点的（单选）：（1）自己托运；（2）让中间商上门托运；（3）请物流公司运送；（4）委托合作社托运；（5）其他方式_____。

41. 运输费用折算：_____（元/斤）；主要运输工具是_____。

42. 您觉得运输过程中的损耗情况：（1）比较低；（2）一般；（3）比较高。

第四部分：销售特征

43. 西兰花销售价格：_____（元/斤）。

44. 主要销售渠道：（1）农贸市场；（2）专人上门收购；（3）批发商；（4）加工企业订单；（5）合作社（如果选5，回答第45—47题）；（6）其他_____。

45. 合作社的盈余返还：_____（元）。

46. 盈余返还方式：（1）按交易返利；（2）按股金分红；（3）其他方式_____。

47. 合作社是否卖给超市：（1）是（如果选1，回答第48—52题）；（2）否。

48. 超市是否提供信息咨询：（1）是；（2）否。

49. 超市是否提供技术指导：（1）是；（2）否。

50. 超市是否制定产品标准：（1）是；（2）否。

51. 超市是否执行差别定价：（1）是；（2）否。

52. 超市是否进行产品宣传：（1）是；（2）否。

53. 您认为哪种销售渠道最好：（1）农贸市场；（2）专人上门收购；（3）批发商；（4）加工企业订单；（5）合作社；（6）"农超对

接";（7）其他_____。

54. 目前的付款方式：（1）一手交钱、一手交货；（2）延期后现金付款；（3）银行转账等非现金形式付款；（4）其他方式_____。

55. 您能接受以下哪几种付款方式（可多选）：

（1）延期15天后现金付款；（2）银行转账等非现金形式付款；（3）一手交钱、一手交货；（4）其他方式_____。

56. 您觉得西兰花销售中是否存在市场风险（销售过程的价格波动造成的损失）：（1）是；（2）否。

如果是，风险程度如何：（1）风险不大；（2）风险比较大；（3）风险非常大。

57. 是否获得购销合同：（1）获得书面或口头合同；（2）未获得书面或口头合同。

58. 与收购商每次交易时，您对达成的销售价格的满意程度：（1）很不满意；（2）不太满意；（3）基本满意；（4）很满意。

59. 与收购商每次交易时，您对西兰花等级认定的公平程度评价：（1）很不公平；（2）不太公平；（3）基本公平；（4）很公平。

第五部分：市场环境特征

60. 您觉得西兰花市场价格波动情况如何：（1）没有波动；（2）一般；（3）较大；（4）很大。

61. 市场需求信息的可获得性：（1）很难；（2）比较难；（3）一般；（4）比较容易；（5）很容易。

62. 亲友乡邻的信息交流程度：（1）非常少；（2）比较少；（3）一般；（4）比较多；（5）非常多。

63. 您获得市场价格信息的主要渠道是：（1）亲友乡邻；（2）收购商；（3）批发市场；（4）新闻媒体；（5）其他。

64. 完成销售所需的运输距离：_____（公里）。

65. 运输过程道路等级：（1）国道；（2）省道；（3）县道；（4）乡道；（5）其他。

第六部分：农户认知

66. 您是否知道《中华人民共和国食品安全法》：（1）知道；

（2）不知道。

67. 您是否知道《中华人民共和国农民专业合作社法》：（1）知道；（2）不知道。

68. 您了解以下哪些产品的生产技术要求和标准（可多选）：（1）无公害农产品；（2）绿色农产品；（3）有机农产品；（4）都不清楚。

69. 您认为提高西兰花质量和技术标准对生产成本的影响（单选）：

（1）成本提高20%以上；（2）成本提高0—20%；（3）成本基本没有变化；（4）成本略有下降。

70. 如果超市直接采购您家的西兰花，并将收购价格提高20%，您愿意（多选）：

（1）接受超市对您种植过程的监督；（2）按照超市的质量标准使用种子、农药、化肥；（3）接受超市对您家西兰花的抽检和挑选；（4）提高自己的储藏与运输能力；（5）以上都不愿意。

71. 您是否愿意参加"农超对接"：（1）是；（2）否。原因：___
_____。

72. 您认为以下哪种方式获得的利润最高（单选）：

（1）自己生产、运输、销售一条龙；（2）自己只负责生产环节，让批发商或中间商负责运输和销售；（3）按照超市的需求和技术标准生产，让批发商或中间商负责运输，最后由超市负责包装和销售；（4）其他方式_____。

73. 您认为谁有能力组建农民专业合作社（最多选3项）：（1）种植大户；（2）批发商；（3）乡村干部；（4）农业技术推广人员；（5）乡镇企业老板；（6）其他人员_____。

74. 您认为"农户+合作社"模式有哪些作用（最多选3项）：

（1）增加与收购商的谈判能力；（2）扩大生产规模，共同购买设备；（3）通过合作社的保障机制降低灾害风险；（4）减少西兰花出售时各项买卖成本；（5）提高生产和管理技能；（6）基本没有作用。

75. 您认为"农户+合作社+超市"模式有哪些作用（最多选3

项）：

（1）农产品可以卖更好的价格；（2）获得相对稳定的销售渠道；（3）提高自己农业技术水平；（4）获得政府的资金或政策支持；（5）基本没有作用。

76. 您是否知道以下信息：

	完全不知道	有点知道	基本知道	完全知道
从农田到城市的运输费用				
西兰花的加工或包装费用				
城市消费者购买的价格				
城市消费者对西兰花的喜好				
批发市场销售的价格				
合作社的经营账簿（合作社社员填写）				

77. 您是否认同以下说法：

"高质量的农产品一定能在市场中获得高价格"：（1）同意；（2）不同意。

"消费者有能力识别农产品的质量"：（1）同意；（2）不同意。

"有必要对农产品进行适度包装与宣传"：（1）同意；（2）不同意。

"自己可以独立承受西兰花市场价格波动"：（1）同意；（2）不同意。

"收购价格不一样，农药和化肥使用方式也不一样"：（1）同意；（2）不同意。

"超市或合作社有能力识别农药和化肥的使用情况"：（1）同意；（2）不同意。

第七部分：区域特征

78. 您所在的村是否在"农超对接"试点：（1）是；（2）否。

79. 您所在的村是否为革命老区：（1）是；（2）否。

80. 您所在的村是否处在开发区：（1）否；（2）县级开发区；（3）县级以上开发区。

81. 您希望政府为您做点什么：＿＿＿＿＿＿＿＿＿＿＿＿＿＿。

参考文献

[1] Alchain, A. A. & Demsetz, H. , Production, information costs and economic organization, *American Economic Review*, 1972, 62 (12): 1 – 12.

[2] Alchian, A. A. & Demsetz, H. , The property right paradigm, *Journal of Economic History*, 1973, 33 (3): 16 – 27.

[3] Anne, N. Marie, *Perceptions of pesticides among farmers and farm family members*, A thesis for the degree of doctor of the University of British Columbia, 2003.

[4] Antle J. M. , *Economic analysis of food safety*, Handbook of Agricultural Economics, 2001 (1): 1083 – 1136.

[5] Antle J. M. , Efficient food safety regulation in the food manufacturing sector, *American Journal of Agricultural Economics*, 1996 (78): 1242 – 1247.

[6] Austin, J. E. , *Agro – industrial project analysis*, Baltimore: Johns Hopkins University Press, 1981.

[7] Bakshi, K. , Roy, D. , Thorat, A. , Small they may be and Indian farmers they are but export they can: The case of Mahagrapes farmers in India in "Plate to plough: Agricultural diversification and its implications for the small holders in India", Report submitted to Ford Foundation by the International Food Policy Research Institute, 2006.

[8] Baron D. P. , *Design of regulatory mechanisms and institutions*, Handbook of Industrial Organization, 1989 (2): 1347 – 1447.

[9] Benjamin, K. , Crawford R. G. , Alchian, A. A. , Appropriable

rents, vertical integration and the competitive contracting process, *Journal of Law and Economics*, 1978, 21 (2), 297 – 326.

[10] Berdegué, J. & Balsevich, F. , Central American supermarkets ' private standards of quality and safety in procurement of fresh fruits and vegetables, *Food Policy*, 2005, 30 (3): 254 – 269.

[11] Berdegué, J. A. , *Cooperating to compete peasant associative business firms in Chile. Published doctoral dissertation*, Wageningen University and Research Centre, Department of Social Sciences, Communication and Innovation Group. Wageningen, The Netherlands, 2001.

[12] Bignebat, C. , Ali K. A. , Lemeilleur, S. , Small producers, supermarkets and the role of intermediaries in Turkey's fresh fruit and vegetable market, *Agricultural Economics*, 2009, 40: 807 – 816.

[13] Binswanger, H. P. & Ruttan, V. W. , *Induced innovation: Technology, institutions and development*, Baltimore: John Hopkins University Press, 1978.

[14] Binswanger, H. P. , & M. R. Rosenzweig, *Contractual agreements, employment and wages in rural labor markets: A critical review*, Yale University Press, 1984.

[15] Birthal, P. S. , Joshi, P. K. , Gulati, A vertical coordination in high value commodities: Implications for the small holders, Markets, Trade, and Institutions Division Discussion Paper No. 85, Washington, D. C. : International Food Policy Research Institute, 2005.

[16] Boger, S. , Quality, contractual choice: A transaction cost approach to the polish hog market, *European Review of Agricultural Economics*, 2001, 28 (3): 19 – 31.

[17] Bowles, S. , The production process in a competitive economy, *American Economic Review*, 1985, 75 (3): 16 – 36.

[18] Burch, D. & Lawrence, G, *Supermarkets and agri – food supply chains – Transformations in the production and consumption of*

foods. Edited by Edward Elgar Publishing, 2007.

[19] Cadilhon, J. J. , Fearne, A. P. , Moustier, P. et al. , Modelling vegetable marketing systems in South East Asia: Phenomenological insights from Vietnam, *Supply Chain Management*, 2003, 8 (5): 427 – 441.

[20] Carney, J. & Watts, M. , Manufacturing dissent: Work, gender and the politics of meaning in a peasant society, *Journal of the International African Institute*, 1990, 60 (2): 207 – 241.

[21] Carter, M. R. & Mesbah, D. , Can land market reform mitigate the exclusionary aspects of rapid agro – export growth, *World Development*, 1993, 21 (7): 1085 – 1100.

[22] Caswell J. A and E. M. Mojduszka. , Using informational labeling to influence the market for quality in food product, *American Journal of Agricultural Economics*, 1996 (78): 1248 – 1253.

[23] Chambers R. G. , *Information, incentives and the design of agricultural policies*, Handbook of Agricultural Economics, 2002: 1751 – 1825.

[24] Charnes, A. , Cooper, W. W. , Rhodes, E. , Measuring the efficiency of decision making unit, *European Journal of Operational Research*, 1978 (2): 429 – 444.

[25] Cheung, S. N. S. , The structure of a contract and the theory of a non – exclusive resource, *Journal of Law and Economics*, 1969, 12 (4): 31 – 40.

[26] Cheung, S. N. S. , Transaction costs, risk aversion and the choice of contractual arrangements, *Journal of Law and Economics*, 1970, (4): 1 – 13.

[27] Coase, R. , The problem of social cost, *Journal of Law and Economics*, 1960 (3): 1 – 27.

[28] Coelli, T. J. & Perelman, S. , A Comparison of parametric and non-parametric distance functions: With application to European railways, *European Journal of Operational Research*, 1999 (117):

326 - 339.

[29] Cook, M. L. , The future of U. S. agriculture cooperatives: A neo - institutional approach, *American Journal of Agricultural Economics*, 1995, 77 (5): 1153 - 1159.

[30] Davis, L. & North D. C. , Institutional change and American economic growth: A first step toward a theory of institutional innovation, *Journal of Economics History*, 1979 (30): 19 - 30.

[31] Demsetz, H. , *Ownership, control and the firm.* Basil Blackwell Limited, 1988.

[32] Demsetz, H. , Toward a theory of propety rights, *American Economic Review*, 1959, 57 (5): 347 - 359.

[33] Dirven, M. , Agroindustry and small - scale agriculture: A comparative synthesis of different experiences, Economic Commission for Latin America and the Caribbean, Santiago, Chile, 1996.

[34] Dolan E. & Humphrey J. , Governance and trade in fresh vegetables: The impact of UK supermarkets on the African horticulture industry, *Journal of Development Studies*, 2000, 37 (2): 147 - 176.

[35] Dries L. & Reardon T. , Central and eastern Europe: Impact of food retail investments on the food chain, FAO Investment Center EBRD Cooperation Program Report Series No. 6, 2005.

[36] Eaton, C. & Shepherd, A. W. , Contract farming: Partnerships for growth, FAO Agricultural Services Bulletin, No. 145, 2001.

[37] Farina, E. , Gutman, G. E. , Lavarello, P. J. , et al. Private and public milk standards in Argentina and Brazil, *Food Policy*, 2005, 30 (3): 302 - 315.

[38] Farrell, M. , The measurement of productive efficiency. *Journal of the Royal Statistical Society*, Series A, 1957, 120 (3): 253 - 281.

[39] Fulponi, L. , Private voluntary standards in the food system: The perspective of major food retailers in OECD countries, *Food Policy*,

2006, 31 (1): 1 – 13.

[40] Fulton, M., The future of Canadian agricultural cooperatives: A property rights approach, *American Journal of Agricultural Economics*, 1995, 77 (5): 1144 – 1152.

[41] Furubotn, E. G., & Pejovich, S. Property rights and economic theory: A survey of recent literature, *Journal of Economics Literature*, 1972, 10 (4): 1 – 12.

[42] Galdeano – Gómez, E., Productivity effects of environmental performance: Evidence from TFP analysis on marketing cooperatives, *Applied Economics*, 2008, 40 (14): 1873 – 1888.

[43] Gibbons, R., *Game theory for applied economists*, Princeton: Princeton University Press, 1992.

[44] Goldsmith, A., The private sector and rural development: Can agribusiness help the small farmer, *World Development*, 1985, 13 (11): 1125 – 1138.

[45] Gordon, H. S., The economics of a common property resource: The fishery, *Journal of Political Economy*, 1954, 62 (2): 124 – 142.

[46] Griliches Z., Hybrid corn: An exploration in the economics of technological change, *Econometrica*, 1957, 25 (4): 501 – 522.

[47] Grosh, B., Contract farming in Africa: An application of the new institutional economics, *Journal of African Economies*, 1994, 3 (2): 231 – 261.

[48] Grossman, S. & Hart O., The costs and benefits of ownership: A theory of vertical and lateral integration, *Journal of Political Economy*, 1986, 94: 11 – 24.

[49] Grossman, S. J., The information role of warranties and private disclosure about product quality. *Journal of Law and Economics*, 1981, 24 (3): 461 – 483.

[50] Guo, H., Jolly R. W., Zhu, J., Contract farming in China: Supply chain or ball and chain, Paper presented at the 15th Annual

World Food & Agribusiness Symposium, IAMA, Chicago, 2005 (6): 25 –26.

[51] Hayami Y. & Ruttan V. , *Agricultural development—An international perspective*, The John Hopkins University Press, Baltimore, 1985.

[52] Hayami, Y. & Otsuka, K. , *The economics of contract choice: An agrarian perspective*, Oxford: Clarendon Press, 1993.

[53] Hendrikse, G. W. J. & Veerman, C. P. , Marketing co-operatives: An incomplete contracting perspective, *Journal of Agricultural Economics*, 2001, 52 (1): 53 –64.

[54] Hennessy David and Jutta Roosen, Leadership and the provision of safe Food, *American Journal of Agricultural Economics*, 2001 (4): 862 –874.

[55] Hernández R. , Supermarkets, wholesalers and tomato growers in Guatemala, *Agricultural Economics*, 2007, 36 (3): 281 –290.

[56] Hobbs, J. E. & Young, L. M. , Vertical linkages in agri – food supply chains: Changing roles for producers, commodity groups, and government policy, *Review of Agricultural Economics*, 2002, 24 (2): 428 –441.

[57] Hobbs, J. E. , & Young, L. M. , Vertical linkages in agri – food supply chains in Canada and the United States, Research and Analysis Directorate, Strategic Policy Branch, Agriculture and Agri – Food Canada, 2001.

[58] Hobbs, J. E. , Kerr, W. A. , Klein, K. K. , Creating international competitiveness through supply chain management: Danish pork, *Supply Chain Management*, 1998, 3 (2): 86 –98.

[59] Hu, D. H. , Reardon, T. , Rozelle, S. , et al. , The emergence of supermarkets with Chinese characteristics: Challenges and opportunities for China's agricultural development, *Development Policy Review*, 2004, 22 (5): 557 –586.

[60] Hueth, B. , Ligon, E. , Wolf, S. et al. , Incentive instruments in

fruit and vegetable contracts: Input control, monitoring, measuring and price risk, *Review of Agricultural Economics*, 1999, 21 (2): 374 – 389.

[61] Humphrey, J. , Shaping value chains for development: Global value chains in agribusiness, GTZ Trade Programme, 2005.

[62] Jaffee, S. , & J. Morton, J. , Marketing Africa's high – value foods: Comparative experiences of an emergent private sector, Dubuque, Iowa: Kendall/Hunt Publishing Co. , 1994.

[63] Jin Shaosheng, Zhou Jiehong, Ye Juntao, Adoption of HACCP system in the Chinese food in industry: A comparative analysis, *Food Control*, 2008 (19): 823 – 828.

[64] Key, N. & D. Runsten, Contract farming, smallholders, and rural development in Latin America: The organization of processing firms and the scale of out grower Production, *World Development*, 1999, 27 (2): 381 – 401.

[65] Kliebenstein, J. B. & Lawrence, J. D. , Contracting and vertical co-ordination in the United States pork industry, *American Journal of Agricultural Economics*, 1995, 77 (12): 84 – 95.

[66] Knight, F. H. , *Risk, uncertainty and profit*, Boston: Houghton Mifflin, 1921.

[67] Knight, F. H. , Some fallacies in the interpretation of social cost, *Quarterly Journal of Economics*, 1924, 38 (7): 582 – 606.

[68] Kreps, D. D. & Wilson, R. , Reputation and imperfect information, *Journal of Economic Theory*, 1982, 27 (8): 253 – 279.

[69] Krueger, A. O. , The political economy of the rent – seeking society, *American Economic Review*, 1974, 66 (3): 291 – 303.

[70] Kuznets, S. , *Modern economic growth: Rate, structure and spread*, New Haven: Yale University Press, 1966.

[71] Lin, J. Y. , An economic theory of institutional change: Induced and imposed change, *Cato Journal*, 1990 (3): 27 – 49.

[72] Lin, J. Y. , Rural reforms and agricultural growth in China, *American Economic Review*, 1992, 82 (3): 34 – 51.

[73] Lin, J. Y. , The household responsibility system reform in China: A peasant's institutional choice, *American Journal of Agricultural Economics*, 1987, 69 (5): 64 – 87.

[74] Little, P. & Watts, M. , *Living under contract: Contract farming and agrarian transformation in Sub – Saharan Africa*, Madison, Wis. : University of Wisconsin Press, 1994.

[75] Maertens, M. , Horticulture exports, agro – industrialization, and farm – nonfarm linkages with the smallholder farm sector: Evidence from Senegal, *Agricultural Economics*, 2009 (40): 209 – 229.

[76] Maertens, M. , Trade, food standards and poverty: The case of high-value vegetable exports from Senegal, Poster paper presented at the International Association of Agricultural Economists Conference, Gold Coast, Australia, 2006.

[77] Malo, M. & Vezina, M. , Governance and management of collective user – based enterprises: Value – creation strategies and organizational configurations, *Annals of Public & Cooperative Economics*, 1983 (75): 113 – 137.

[78] Masakure, O. & Henson, S. , Why do small – scale producers choose to produce under contract? Lessons from nontraditional vegetable exports from Zimbabwe, *World Development*, 2005, 33 (10): 1721 – 1733.

[79] Mattew, W. & Nigel, K. , The social performance and distributional consequences of contract farming: An equilibrium analysis of the bouche program in Senegal, *Word Development*, 2002, 30 (2): 255 – 263.

[80] Mellor, J. W. , *The economics of agricultural development*, Cornell University Press, 1966: 14 – 16.

[81] Michael F. Todaro, *Economic development in the third world*, Long-

man Press (Third Edition), 1985.

[82] Michael L. & Cook, F. R., Advances in cooperative theory since 1990, A Review of Agricultural Economics Literature. Edited by Restructing Agricultural Cooperatives, George W. J. Hendrikse, Erasmus University Rotterdam, 2004.

[83] Milgrom, P. K. & Roberts, J., An economic approach to influence activities in organizations, *American Journal of Sociology*, 1992 (94): 154 – 179.

[84] Milgrom, P. K. & Roberts, J., *Economics, organization, and management*, Upper Saddle River, NJ, Prentice – Hall, 1992.

[85] Milicevic, X., Berdegue, J. A., Reardon, T., Impacts on rural farm and nonfarm incomes of contractual links between agro – industrial firms and farms: The case of tomatoes in Chile, proceedings of the Meetings of the Association of Farming Systems Research and Extension (AFSRE), Pretoria, South Africa, 1998, 30 (12): 34 – 49.

[86] Minot, N. & M. Ngigi., Are horticultural exports a replicable success story? Evidence from Kenya, Environment Production and Technology Division Discussion Paper No. 120 and MTID Discussion Paper No. 73, Washington, D. C.: International Food Policy Research Institute, 2004.

[87] Minot, N., Contract farming and its effect on small farmers in less developed countries, Working Paper No. 31, Michigan State University, East Lansing, Michigan, 1986.

[88] Minten, B. & Reardon, T., Food prices, quality, and quality's pricing in supermarkets versus traditional markets in developing countries, *Review of Agricultural Economics*, 2008, 30 (3): 480 – 490.

[89] Minten, B., Randrianarison L., Swinnen, J. F., Global retail chains and poor farmers: Evidence from Madagascar, *World Devel-*

opment, 2009, 37 (11): 1728 – 1741.

[90] Miyata, S., Minot, N., Hu, D. H., Impact of contract farming on income: Linking small farmers, packers, and supermarkets in China, *World Development*, 2009, 37 (11): 1781 – 1790.

[91] Morgan, A. & Kaleka, A., Focal supplier opportunism in supermarket retailer category management, *Journal of Operations Management*, 2007, 25 (2): 512 – 527.

[92] Ménard, Claude and Peter G Klein, Organizational issues in the agri – food sector: Toward a comparative approach, *American Journal of Agricultural Economics*, 2004 (3): 750 – 755.

[93] Nalebuff, B. J. & Brandenburger, A. M., *Co – opetition*, London: Harper Collins Business, 1996.

[94] Nelson, P., Information and consumer behavior, *Journal of Political Economy*, 1970, 78 (2): 311 – 329.

[95] Nelson, R. R. & Winter, S. G, *An evolutionary theory of economic change*, Cambridge: Belknap Press of Harvard University Press, 1982.

[96] Neven, D. & Reardon, T., The rise of Kenyan supermarkets and e-volution of their horticulture product procurement systems, *Development Policy Review*, 2004, 6 (22): 669 – 699.

[97] Nicol, A. M., Perceptions of pesticides among farmers and farm family members, A thesis for the degree of doctor of the University of British Columbia, 2003.

[98] Nigel, K. & William, M., Production contracts and productivity in the U. S. hog sector, *American Journal of Agricultural Economics*, 2003, 85 (1): 121 – 133.

[99] North D., *Institutions, institutional change and economic performance*, Cambridge: Cambridge University Press, 1990.

[100] North, D., *Structure and change in economic history*, New Haven: Yale University Press, 1983.

[101] Ollinger M. and Muller V. , Managing for safer food: The econom-
         ics of sanitation and process controls in meat and poultry
         plant. United States Department of Agriculture, Agricultural Eco-
         nomic, 2003: 1 – 65.

[102] Porter, E. M. , *Competitive strategy*, Harvard Business School Pub-
         lishing Corporation, 1980.

[103] Porter, G. & Howard, K. P. , Comparing contracts: An evalua-
         tion of contract farming schemes in Africa, *World Development*,
         1997, 25 (2): 227 – 238.

[104] Porter, P. K. & Scully, G. W. , Economic efficiency in coopera-
         tives, *The Journal of Law and Economics*, 1987 (30): 489 –
         512.

[105] Pritchard, B. & Godwin, M. , The impacts of supermarket pro-
         curement on farming communities in India: Evidence from rural
         Karnataka, *Development Policy Review*, 2010, 4 (28): 435 –
         456.

[106] Reardon, T. & Barrett, O. , Agro – industrialization, globalization
         and international development, an overview of issues, patterns and
         determinants, *Agricultural Economics*, 2006 (23): 195 – 205.

[107] Reardon, T. & Berdegué, J. A. , The rapid rise of supermarkets in
         Latin America: Challenges and opportunities for development, *De-
         velopment Policy Review*, 2002, 20 (4): 317 – 334.

[108] Reardon, T. & Echanove, F. , The rise of supermarkets and the e-
         volution of their procurement systems in Mexico: Focus on horticul-
         ture Products. Michigan State University Working Paper, 2005.

[109] Reardon, T. & Henson, S. , "Proactive fast – tracking" diffusion
         of supermarkets in developing countries: Implications for market in-
         stitutions and trade, *Journal of Economic Geography*, 2007, 7
         (4): 399 – 431.

[110] Reardon, T. & Hopkins, R. , The supermarket revolution in de-

veloping countries: Policies to address emerging tensions among supermarkets, suppliers and traditional retailers, *The European Journal of Development Research*, 2006, 18 (4): 522 – 545.

[111] Reardon, T. & Timmer, C. P. , *Transformation of markets for agricultural output in developing countries since* 1950: *How has thinking changed*, Chapter 55 in R. E. Evenson, J. & Pingali, P. , Handbook of Agricultural Economics, Agricultural Development: Farmers, Farm Production and Farm Markets, Amsterdam: Elsevier Press, 2007: 2808 – 2855.

[112] Reardon, T. , Barrett, C. B. , Berdegué, J. A. , et al. , Agri – food industry transformation and small farmers in developing countries, *World Development*, 2009, 37 (11): 1717 – 1727.

[113] Reardon, T. , Codron, J. M. , Busch, L. , et al. , Global change in agri – food grades and standards: Agribusiness strategic responses in developing countries, *International Food and Agribusiness Management Review*, 1999, 2 (3), 421 – 435.

[114] Reardon, T. , Timmer, C. P, Barrett, C. B. , et al. , The rise of supermarkets in Africa, Asia, and Latin America, *American Journal of Agricultural Economics*, 2003, 85 (5): 1140 – 1146.

[115] Riston C. and Li W M. , The economics of food safety, *Nutrition & Food Science*, 1998 (5): 253 – 259.

[116] Royer, J. S. , Cooperative organizational strategies: A neo – institutional digest, *Journal of Cooperatives*, 1999, 14: 44 – 67.

[117] Ruben, R. , Boselie, D. , Lu, H. L. , Vegetable procurement by Asian supermarkets: A transaction cost approach, *Supply Chain Management*, 2007, 12 (1): 60 – 68.

[118] Ruben, R. , Lu, H. , Kuiper, E. , Marketing chains, transaction costs and quality performance: Efficiency and trust within vegetable supply chains in Nanjing City, Paper presented at the SERENA Seminar, Nanjing, 2003.

[119] Runsten, D. & Key, M. , Contract farming in developing coun-
    tries: Theoretical aspects and analysis of some Mexican case stud-
    ies, Report LC/L. 989. Santiago, Chile: Economic Commission
    for Latin America and the Caribbean, 1996.

[120] Ruttan, V. W. , *Induced institutional change*, In "*Induced innova-
    tion: Technology, institutions and development*", edited by
    Binswanger H. P. & Ruttan, V. W. Baltimore, John Hopkins Uni-
    versity Press, 1978.

[121] Ruttan, V. W. , Social science knowledge and institutional change,
    American Journal of Agricultural Economics, 1984, 39 (12): 1
    -31.

[122] Schejtman, A. , Agroindustry and small – scale agriculture: con-
    ceptual guidelines for a policy to encourage linkage between them,
    Economic Commission for Latin America and the Caribbean, Santia-
    go, Chile, 1996.

[123] Schipmann, C. & Qaim, M. , Spillovers from modern supply
    chains to traditional markets: Product innovation and adoption by
    smallholders, *Agricultural Economics*, 2010 (41): 361 –371.

[124] Schultz, T. W. , Institutions and the rising economic value of man,
    American Journal of Agricultural Economics, 1968, 50 (12): 1 –
    17.

[125] Schumpeter, J. A. , *The theory of economic development: An in-
    quiry into profits, capital, credit, and the business cycle*, New
    York: Oxford University Press, 1912.

[126] Sexton, R. J. , Imperfect competition in agricultural markets and
    the role of cooperatives: A spatial analysis, *American Journal of
    Agricultural Economics*, 1990, 72 (3): 709 –720.

[127] Sexton, R. J. , The formation of cooperatives: A game – theoretic
    approach with implications for cooperative finance, Decision Mak-
    ing, and Stability, *American Journal of Agricultural Economics*,

1986, 68 (2): 423 -433.

[128] Shapiro, C. & Stiglitz, J. E. , Equilibrium unemployment as a worker discipline device, *American Economic Review*, 1984, 74 (6): 433 -444.

[129] Shapiro, C. , Premiums for high quality products as returns to reputations, *Quarterly Journal of Economics*, 1983, 98 (4): 659 -679.

[130] Simmons, P. , P. Winters, I. Patrick, An analysis of contract farming in East Java, Bali, and Lombok. Indonesia, *Agricultural Economics*, 2005 (33): 513 -525.

[131] Singh, S. , Contracting out solutions: Political economy of contract farming in the Indian punjab, *World Development*, 2002, 30 (9): 1621 -1638.

[132] Spence, A. M. , Job market signaling, *Quarterly Journal of Economics*, 1973, 87 (4): 355 -379.

[133] Staatz, J. M. , A game theoretic analysis of decision - making in farmer cooperatives, in Royer, J. S. Cooperative Theory: New Approaches. ACS Service Report No. 18, 1987: 117 - 147.

[134] Staatz, J. M. , Theoretical perspective on the behavior of farmers' cooperatives, Ph. D. dissertation, Michigan State University, 1984.

[135] Stephenson, S. M. , G&S and conformity assessment as nontariff barriers to trade, Policy Research Working Paper 1826, Washington: Development Research Group, World Bank, 1997.

[136] Stigler, G. , The economics of information, *Journal of Political Economics*, 1961, (6): 52 - 69.

[137] Stokke, H. E. , Multinational supermarket chains in developing countries: Does local agriculture benefit, *Agricultural Economics*, 2009, 40 (6): 645 -656.

[138] Swinnen, J. , Vertical integration, interlinking markets and growth in transition agriculture, Paper Presented at the European Associa-

tion of Agricultural Economics Congress in Ghent on Role of Institutions in Rural Policies and Agricultural Markets, 2004.

[139] The World Bank, *world development report—Agriculture for development*, http://www. worldbank. org, 2007: 29 – 38.

[140] Tregurtha, N. L. & Vink, N. , Trust and supply chain relationship: A South African case study, *Agricultural Economics Research*, 1999, 38 (4): 755 – 765.

[141] Tullock, G. , The welfare cost of tariffs, monopolies and theft, *Western Economic Journal*, 1967, 5 (3): 224 – 232.

[142] Unnevehr, L. , *The economics of HACCP: Studies of costs and benefits*, Eagan Press, St. Paul, 1999.

[143] Vetter and Henrik, Moral hazard, vertical integration and public monitoring in credence goods, *European Review of Agricultural Economics*, 2002 (2): 271 – 279.

[144] Vitaliano, P. , Cooperative enterprise: An alternative conceptual basis for analyzing a complex institute, *American Journal of Agricultural Economics*, 1983, 65 (5): 1078 – 1083.

[145] Von Braun, J. , Hotchkiss, D. , Immink, M. , Non – traditional export crops in Guatemala: Effects on production, income, and nutrition. Research Report 73, Washington: IFPRI, 1989.

[146] Wang, H. L. & Dong X. X. , Producing and procuring horticultural crops with Chinese characteristics: The case of northern China, *World Development*, 2009, 37 (11): 1791 – 1801.

[147] Warning, M. & Key, N. , The social performance and distributional consequences of contract farming: An equilibrium analysis of the Arachide de bouche program in Senegal, *World Development*, 2002, 30 (2): 255 – 263.

[148] Warning, M. & Soo Hoo, W. , The impact of contract farming on income distribution: Theory and evidence, Paper prepared for presentation at the Western Economics Association International Annual

Meetings, 2000.

[149] Weatherspoon, D. & Reardon, T. , The rise of supermarkets in Africa: Implications for agri – food systems and the rural poor, *Development Policy Review*, 2003 (21): 333 – 355.

[150] Williams, S. & Karen, R. , *Agribusiness and the small – scale farmer: A dynamic partnership for development*, Westview Press, 1985.

[151] Williamson, O. E. , *Market and hierarchies: Analysis and antitrust implications.* New York: Free Press, 1975.

[152] Williamson, O. E. , *The economic institutions of capitalism*, New York: Free Press, 1985.

[153] Williamson, O. E. , *The mechanisms of governance*, Oxford University Press, 1995.

[154] Witsoe, J. , India's second green revolution? The sociopolitical implications of corporate – led agricultural growth, India in transition series, University of Pennsylvania, 2006.

[155] World Bank, China farmer professional associations, Review and Policy Recommendations, Washington, D. C. , 2006,

[156] Yin, R. K. , *Case study research: Design and methods*, Thousand Oaks: Sage Publications, 1994.

[157] Yujiro Hayami, *Japanese agriculture under siege*, MacMillan Press, 1988.

[158] Zhou J. H. & Jin, S. H. , Safety of vegetables and the use of pesticides by farmers in China: Evidence from Zhejiang province, *Food Control*, 2009 (20): 1043 – 1048.

[159] Zusman, P. , Constitutional selection of collective – choice rules in a cooperative enterprise, *Journal of Economic Behavior and Organization*, 1992, 17 (3): 353 – 362.

[160] Zylbersztajn, D. & Nadalini, L. B. , Tomatoes and courts: Strategy of the agroindustry facing weak contract enforcement, School of

Economic and Business，University of Sao Paulo，Brazil，Worker Paper，2003.

［161］［澳大利亚］科埃里（Coelli，T. J.）：《效率与生产率分析引论》（第二版），王忠玉译，中国人民大学出版社 2008 年版。

［162］［美］巴泽尔：《产权的经济分析》，费方域、段毅才译，上海三联书店 1997 年版。

［163］［美］迈克尔·波特：《国家竞争优势》，李明轩、邱如美译，中信出版社 2007 年版。

［164］［美］西奥多·W. 舒尔茨：《改造传统农业》，梁小民译，商务印书馆 2006 年版。

［165］［美］西蒙·库兹涅茨：《各国的经济增长》，常勋等译，商务印书馆 1985 年版。

［166］［美］约瑟夫·A. 熊彼特：《经济发展理论：对利润、资本、信贷、利息和经济周期的探究》，叶华译，中国社会科学出版社 2009 年版。

［167］［日］青木昌彦：《比较制度分析》，上海远东出版社 2001 年版。

［168］［日］速水佑次郎、［日］神门善久：《发展经济学：从贫困到富裕》（第三版），李周译，社会科学文献出版社 2009 年版。

［169］［英］亚当·斯密：《国民财富的性质和原因的研究》，郭大力、王亚南译，商务印书馆 2005 年版。

［170］［印度］阿马蒂亚·森：《以自由看待发展》，任赜、于真译，中国人民大学出版社 2002 年版。

［171］安玉发：《发展新型产销对接模式 稳定鲜活农产品价格——"农超对接"及流通渠道多元化的思考》，《中国农民合作社》2011 年第 8 期。

［172］蔡荣：《"合作社 + 农户"模式：交易费用节约与农户增收效应——基于山东省苹果种植农户问卷调查的实证分析》，《中国农村经济》2011 年第 1 期。

［173］蔡荣：《合同生产模式与农户肥料施用结构——基于山东省苹

果种植农户调查数据的实证分析》,《农业技术经济》2011 年第 3 期。

[174] 褚彩虹、冯淑怡、张蔚文:《农户采用环境友好型农业技术行为的实证分析——以有机肥与测土配方施肥技术为例》,《中国农村经济》2012 年第 3 期。

[175] 邓衡山、徐志刚、黄季焜等:《组织化潜在利润对农民专业合作组织形成发展的影响》,《经济学(季刊)》2011 年第 4 期。

[176] 董晓霞、毕翔、胡定寰:《中国城市农产品零售市场变迁及其对农户的影响》,《农村经济》2006 年第 2 期。

[177] 耿献辉、周应恒:《现代销售渠道增加农民收益了吗?——来自我国梨主产区的调查》,《农业经济问题》2012 年第 8 期。

[178] 耿献辉、周应恒:《小农户与现代销售渠道选择——来自中国梨园的经验数据》,《中国流通经济》2012 年第 6 期。

[179] 巩前文、穆向丽、田志宏:《农户过量施肥风险认知及规避能力的影响因素分析——基于江汉平原 284 个农户的问卷调查》,《中国农村经济》2010 年第 10 期。

[180] 关桓达、吕建兴、邹俊:《安全技术培训、用药行为习惯与农户安全意识——基于湖北 8 个县市 1740 份调查问卷的实证研究》,《农业技术经济》2012 年第 8 期。

[181] 郭红东:《中国农户参与订单农业行为的影响因素分析》,《中国农村经济》2005 年第 3 期。

[182] 郭建宇:《农业产业化的农户增收效应分析——以山西省为例》,《中国农村经济》2008 年第 11 期。

[183] 国务院发展研究中心"完善农产品流通体系"课题组:《推进农超对接需生产流通并重》,《中国合作经济》2012 年第 3 期。

[184] 何君、冯剑:《中国农业发展阶段特征及政策选择》,《中国农学通报》2010 年第 19 期。

[185] 何坪华、凌远云、周德翼:《食品价值链及其对食品企业质量安全信用行为的影响》,《农业经济问题》2009 年第 1 期。

[186] 洪银兴、郑江淮:《反哺农业的产业组织与市场组织——基于

农产品价值链的分析》,《管理世界》2009 年第 5 期。

[187] 胡定寰:《"农超对接"怎么做》,中国农业科学技术出版社 2010 年版。

[188] 胡定寰:《农产品"二元结构"论——论超市发展对农业和食品安全的影响》,《中国农村经济》2005 年第 2 期。

[189] 胡定寰:《谁最适合做"农超对接"》,《中国农民合作社》2010 年第 10 期。

[190] 胡定寰、Fred Gale、Thomas Reardon:《试论"超市 + 农产品加工企业 + 农户"新模式》,《农业经济问题》2006 年第 1 期。

[191] 胡定寰、陈志刚、孙庆珍、多田稔等:《合同生产模式对农户收入和食品安全的影响——以山东省苹果产业为例》,《中国农村经济》2006 年第 11 期。

[192] 胡定寰、杨伟民:《论科技创新在"农超对接"中的作用机理》,《中国农民合作社》2011 年第 8 期。

[193] 胡定寰、杨伟民:《农超对接:意义与挑战》,《农村经营管理》2010 年第 4 期。

[194] 胡定寰、杨伟民、张瑜:《"农超对接"与农民专业合作社发展》,《农村经营管理》2009 年第 8 期。

[195] 胡颖廉:《食品安全监管的框架分析与细节观察》,《改革》2011 年第 10 期。

[196] 黄季焜:《六十年中国农业的发展和三十年改革奇迹——制度创新、技术进步和市场改革》,《农业技术经济》2010 年第 1 期。

[197] 黄季焜、齐亮、陈瑞剑:《技术信息知识、风险偏好与农民施用农药》,《管理世界》2008 年第 5 期。

[198] 黄少安:《经济学研究重心的转移与"合作"经济学构想》,《经济研究》2000 年第 5 期。

[199] 黄少安、宫明波:《论两主体情形下合作剩余的分配——以悬赏广告为例》,《经济研究》2003 年第 12 期。

［200］黄少安、韦倩：《合作与经济增长》，《经济研究》2011 年第 8 期。

［201］黄祖辉、林本喜：《基于资源利用效率的现代农业评价体系研究》，《农业经济问题》2009 年第 11 期。

［202］黄祖辉、张静、Kevin Chen：《交易费用与农户契约选择——来自浙冀两省 15 县 30 个村梨农调查的经验证据》，《管理世界》2008 年第 9 期。

［203］黄祖辉、鲁柏祥、刘东英等：《中国超市经营生鲜农产品和供应链管理的思考》，《商业经济与管理》2005 年第 1 期。

［204］江激宇、柯木飞、张士云：《农户蔬菜质量安全控制意愿的影响因素分析——基于河北省藁城市 151 份农户的调查》，《农业技术经济》2012 年第 5 期。

［205］姜增伟：《农超对接：反哺农业的一种好形式》，《求是》2009 年第 23 期。

［206］蒋和平：《中国特色农业现代化应走什么道路》，《经济学家》2009 年第 10 期。

［207］蒋和平、辛岭、黄德林：《中国农业现代化发展阶段的评价》，《科技与经济》2006 年第 4 期。

［208］郎咸平：《菜贱伤农、菜贵伤民》，《大众理财顾问》2011 年第 7 期。

［209］李平、王维薇、张俊飚：《农户市场流通认知的经济学分析——以食用菌种植户为例》，《中国农村观察》2010 年第 6 期。

［210］李锡勋：《合作社法论》，台北三民书局 1982 年版。

［211］李先国：《发达国家食品安全监管体系及其启示》，《财贸经济》2011 年第 7 期。

［212］李莹、陶元磊、翟印礼：《"农超对接"生发机制理论探析》，《农村经济》2011 年第 10 期。

［213］李莹、杨伟民、张侃等：《农民专业合作社参与"农超对接"的影响因素分析》，《农业技术经济》2011 年第 5 期。

［214］李子奈：《计量经济学应用研究的总体回归模型设定》，《经济研究》2008 年第 8 期。

［215］李子奈、齐良书：《关于计量经济学模型方法的思考》，《中国社会科学》2010 年第 2 期。

［216］林毅夫：《制度、技术与中国农业发展》，上海人民出版社1994 年版。

［217］刘任重：《食品安全规制的重复博弈分析》，《中国软科学》2011 年第 9 期。

［218］刘晓峰：《"农超对接"模式下农户心理契约的构成及中介效应分析》，《财贸经济》2011 年第 2 期。

［219］刘晓峰：《农超对接模式下农户参与意愿的实证研究》，《中南财经政法大学学报》2011 年第 5 期。

［220］刘晓昀、李娜：《贫困地区农户散养生猪的销售行为分析》，《中国农村经济》2007 年第 9 期。

［221］陆文强：《如何认识中国农业发展的新阶段》，《求是》2001年第 8 期。

［222］马晓河、蓝海涛、黄汉权：《工业反哺农业的国际经验及中国的政策调整思路》，《管理世界》2005 年第 7 期。

［223］马彦丽、施轶坤：《农户加入农民专业合作社的意愿、行为及其转化——基于 13 个合作社 340 个农户的实证研究》，《农业技术经济》2012 年第 6 期。

［224］毛飞、孔祥智：《农户安全农药选配行为影响因素分析——基于陕西 5 个苹果主产县的调查》，《农业技术经济》2011 年第5 期。

［225］毛文坤、杨子刚：《对"农超对接"的冷思考》，《中国农民专业合作社》2012 年第 6 期。

［226］梅方权：《从农业现代化走向农业信息化》，《中国农学通报》1997 年第 4 期。

［227］农业部软科学委员会课题组：《中国农业发展新阶段的特征和政策研究》，《农业经济问题》2001 年第 1 期。

[228] 潘劲：《中国农民专业合作社：数据背后的解读》，《中国农村观察》2011 年第 6 期。

[229] 彭建仿、杨爽：《共生视角下农户安全农产品生产行为选择——基于 407 个农户的实证分析》，《中国农村经济》2011 年第 12 期。

[230] 商乐：《"菜贱伤农"与"菜贵伤民"的两难悖论分析》，《调研世界》2011 年第 9 期。

[231] 施晟、周德翼、汪普庆：《食品安全可追踪系统的信息传递效率及政府治理策略研究》，《农业经济问题》2008 年第 5 期。

[232] 施晟、周洁红：《食品安全管理的机制设计与相关制度匹配》，《改革》2012 年第 5 期。

[233] 石敏俊、金少胜：《中国农民需要合作组织吗？——沿海地区农户参加农民合作组织意向研究》，《浙江大学学报》（社会科学版）2004 年第 5 期。

[234] 宋金田、祁春节：《交易成本对农户农产品销售方式选择的影响——基于对柑橘种植农户的调查》，《中国农村观察》2011 年第 5 期。

[235] 孙世民、陈会英、李娟：《优质猪肉供应链合作伙伴竞合关系分析——基于 15 省（市）的 761 份问卷调查数据和深度访谈资料》，《中国农村观察》2009 年第 6 期。

[236] 孙艳华、刘湘辉、周发明等：《生产合同模式对农户增收绩效的实证研究——基于江苏省肉鸡行业的调查数据》，《农业技术经济》2008 年第 4 期。

[237] 童霞、吴林海、山丽杰：《影响农药施用行为的农户特征研究》，《农业技术经济》2011 年第 11 期。

[238] 万宝瑞：《中国农业发展新阶段与政策走向》，《农业经济问题》2004 年第 8 期。

[239] 万伦来、马娇娇、朱湖根：《中国农业产业化经营组织模式与龙头企业技术效率——来自安徽农业综合开发产业化经营龙头企业的经验证据》，《中国农村经济》2010 年第 10 期。

[240] 汪普庆、周德翼、吕志轩：《农产品供应链的组织模式与食品安全》，《农业经济问题》2009 年第 3 期。

[241] 王军：《中国农民专业合作社社员机会主义行为的约束机制分析》，《中国农村观察》2011 年第 5 期。

[242] 王克林、符星海：《中国农业现代化进程与政策取向思考》，《农业现代化研究》1999 年第 5 期。

[243] 王耀忠：《外部诱因和制度变迁：食品安全监管的制度解释》，《上海经济研究》2006 年第 7 期。

[244] 王兆华、雷家骕：《主要发达国家食品安全监管体系研究》，《中国软科学》2004 年第 7 期。

[245] 韦佳培、张俊飚、吴洋滨：《农民对农业生产废弃物的价值感知及其影响因素分析——以食用菌栽培废料为例》，《中国农村观察》2011 年第 4 期。

[246] 魏权龄：《数据包络分析》，科学出版社 2004 年版。

[247] 温琦：《供销合作社系统"农超对接"模式比较与分析》，《中国合作经济》2012 年第 5 期。

[248] 翁贞林、朱红根、张月水：《稻作经营大户合同售粮行为的影响因素分析——基于江西省滨湖地区 492 个样本大户的调查》，《中国农村经济》2009 年第 6 期。

[249] 乌家培、谢康、肖静华：《信息经济学》（第二版），高等教育出版社 2007 年版。

[250] 乌云花、黄季焜、Rozelle S：《水果销售渠道主要影响因素的实证研究》，《系统工程理论与实践》2009 年第 4 期。

[251] 肖富群：《专业合作经营与农民合作能力的培育——来自广西贵港市农村的证据》，《农业经济问题》2011 年第 12 期。

[252] 辛岭：《中国建设现代农业的区域布局分析》，《农业经济问题》2007 年增刊。

[253] 熊会兵、肖文韬：《"农超对接"实施条件与模式分析》，《农业经济问题》2011 年第 2 期。

[254] 徐健、汪旭晖：《订单农业及其组织模式对农户收入影响的实

证分析》，《中国农村经济》2009 年第 4 期。

[255] 徐旭初、黄胜忠：《走向新合作——浙江省农民专业合作社发展研究》，科学出版社 2008 年版.

[256] 杨金凤、史江涛：《农产品流通超市化对农户的影响及调适》，《河北经贸大学学报》2005 年第 5 期。

[257] 杨万江：《现代农业发展阶段及中国农业发展的国际比较》，《中国农村经济》2001 年第 1 期。

[258] 杨万江、徐星明：《农业现代化测评》，社会科学文献出版社 2001 年版。

[259] 杨志宏、翟印礼：《超市农产品供应链流通成本分析——以沈阳市蔬菜市场为例》，《农业经济问题》2011 年第 2 期。

[260] 杨子刚、郭庆海：《供应链中玉米加工企业选择合作模式的影响因素分析——基于吉林省 45 家玉米加工龙头企业的调查》，《中国农村观察》2011 年第 4 期。

[261] 姚文、祁春节：《交易成本对中国农户鲜茶叶交易中垂直协作模式选择意愿的影响——基于 9 省（区、市）29 县 1394 户农户调查数据的分析》，《中国农村观察》2011 年第 2 期。

[262] 应瑞瑶，王瑜：《交易成本对养猪户垂直协作方式选择的影响——基于江苏省 542 户农户的调查数据》，《中国农村观察》2009 年第 2 期。

[263] 苑鹏：《大兴蔬菜专业合作社"农社（区）对接"的实践与探索》，《中国农民合作社》2011 年第 11 期。

[264] 苑鹏：《对公司领办的农民专业合作社的探讨——以北京圣泽林梨专业合作社为例》，《管理世界》2008 年第 7 期。

[265] 曾蓓、崔焕金：《食品安全规制政策与阶段性特征：1978—2011》，《改革》2012 年第 4 期。

[266] 张闯、夏春玉、梁守砚：《关系交换、治理机制与交易绩效：基于蔬菜流通渠道的比较案例研究》，《管理世界》2009 年第 8 期。

[267] 张维迎：《产权、政府与信誉》，上海三联书店 2001 年版。

[268] 张维迎：《企业的企业家——契约理论》，上海三联书店 1995
年版。

[269] 张维迎：《信息、信任与法律》，上海三联书店 2006 年版。

[270] 张文彤：《SPSS 统计分析高级教程》，高等教育出版社 2004
年版。

[271] 张五常：《佃农理论——应用于亚洲的农业和台湾的土地改
革》，商务印书馆 2002 年版。

[272] 张五常：《经济解释——张五常经济论文选》，易宪容、张卫
东译，商务印书馆 2000 年版。

[273] 张晓山：《促进以农产品生产专业户为主体的合作社的发
展——从浙江农民专业合作社的兴起再看中国农业基本经营制
度的走向》，《中国农村经济》2004 年第 11 期。

[274] 张晓山：《农业专业合作社的发展趋势探析》，《管理世界》
2009 年第 5 期。

[275] 张新光：《中国农村改革历史阶段划分问题的探讨》，《西南科
技大学学报》（哲学社会科学版）2006 年第 4 期。

[276] 赵翠萍：《农户参与粮食订单影响因素的实证分析——以河南
省小麦订单为例》，《农业经济问题》2009 年第 1 期。

[277] 赵晓飞：《中国现代农产品供应链体系构建研究》，《农业经济
问题》2012 年第 1 期。

[278] 赵肖柯、周波：《种稻大户对农业新技术认知的影响因素分
析——基于江西省 1077 户农户的调查》，《中国农村观察》
2012 年第 4 期。

[279] 郑丹：《农民专业合作社盈余分配状况探究》，《中国农村经
济》2011 年第 4 期。

[280] 中科院农业领域战略研究组：《中国至 2050 年农业科技发展路
线图》，科学出版社 2009 年版。

[281] 周德翼、吕志轩等：《食品安全的逻辑》，科学出版社 2008
年版。

[282] 周洁红、姜励卿：《农产品质量安全追溯体系中的农户行为分

析》，《浙江大学学报》（人文社会科学版）2007 年第 2 期。

[283] 周洁红、金少胜：《农贸市场超市化改造对农产品流通的影响》，《浙江大学学报》（人文社会科学版）2004 年第 5 期。

[284] 周洁红、汪渊、张仕都：《蔬菜质量安全可追溯体系中的供货商行为分析》，《浙江大学学报》（人文社会科学版）2011 年第 5 期。

[285] 周立群、曹利群：《农村经济组织形态的演变与创新：山东莱阳农业产业化调查报告》，《经济研究》，2001 年第 1 期。

[286] 周立群、曹利群：《商品契约优于要素契约——以农业产业化经营中的契约选择为例》，《经济研究》2002 年第 1 期。

[287] 周雪光：《组织社会学十讲》，社会科学文献出版社 2003 年版。

后 记

　　本书是我在浙江大学管理学院博士学习期间、在广西壮族自治区发展和改革委员会商品价格管理处就任公务员期间、在宁波大学商学院从事教学和科研工作期间长期思考内容汇总而成的。部分相关成果已署名发表于《财贸经济》《经济学家》《改革》《中国农村观察》《农业技术经济》等杂志上。

　　在此，感谢我的硕士生导师周德翼教授，博士生导师卫龙宝教授和周洁红教授，以及澳大利亚国立大学（ANU）的合作导师 Sally Sargeson 博士，本书的写作得益于他们长期以来对我的精心指导。此外，本书的出版还要感谢中国社会科学出版社李庆红编辑等的细心工作。

　　由于中国"三农"问题涉及面广，影响因素众多，随着时间推移又出现许多新特征，我也在不断学习和探究。在此，欢迎各界专家不吝赐教。

施 晟

2016 年 12 月于宁波大学